아빠, 물려줄 유산 없는 거죠?

아빠, 물려줄 유산 없는거죠?

·**초판 1쇄 발행** 2020년 12월 4일

·**지은이** 정도연
·**펴낸이** 민상기
·**편집장** 이숙희
·**펴낸곳** 도서출판 드림북
·**인쇄소** 예림인쇄 **제책** 예림바운딩
·**총판** 하늘유통(031-947-7777)

·**등록번호** 제 65 호 **등록일자** 2002. 11. 25.
·경기도 의정부시 가능1동 639-2(1층)
·Tel (031)829-7722, Fax(031)829-7723

아빠,
물려줄 유산 없는거죠?

| 메콩강소년 정도연이 자녀들에게 주는 편지 |

정도연 지음

드림북

이 시대의 불행은 바른 생각, 바른 태도, 바른 삶의 부재에 있다. 그래서 시대를 바꾸려면 자녀의 가슴에 바른 생각의 씨앗을 심어야 한다. 그래야 바른 태도와 바른 삶이 열매로 맺히게 된다.

언어는 삶의 씨앗이다. 씨앗이 바른 미래를 결정한다. 생각이 정확한 대상을 만나 제대로 표현되면 글이 되고, 글이 모이면 책이 된다. 드디어 오랜 시간, 올곧게 붙잡아 온 바른 생각이 모여 한 권의 책이 되었다. 정도연 선교사의 '아빠, 물려줄 유산 없는 거죠?'이다.

정도연 선교사님은 나의 오랜 친구이다. 그런데 나는 가끔 그가 부담스러울 때가 있다. 보기 드물게 삶의 원칙이 분명하고 생각의 기준이 명확한 사람이기 때문이다.

이 책은 그만이 쓸 수 있는 잠언이랄까. 자녀들의 영적, 정신적, 관계적 성숙을 위한 탁월한 인생지침서이다. 그래서 정도연 선교사의 삶만큼이나 훌륭한 책이다.

황성주 박사

(꿈의 학교 이사장 / 국제사랑의 봉사단 설립자 / ㈜이롬 회장)

아낌없이 주는 나무

"그는 시냇가에 심은 나무가 철을 따라 열매를 맺으며 그 잎사귀가 마르지 아니함 같으니 그가 하는 모든 일이 다 형통하리로다…"

시편을 읽으면 떠오르는 사람이 있다. 내 오랜 벗이자 존경하는 후배 정도연 목사이다. 그의 유언과도 같은 책, 『아빠, 물려줄 유산 없는 거죠?』 속에 펼쳐진 하나하나의 묵직한 글은 마치 수십 개의 나이테가 그려진 나무 그루터기를 닮았다. 나무는 자신의 몸에 꾸준히 새겨 넣은 진리 위에 잠시 쉬었다 가라는 듯, 지치고 외로운 젊은이들을 찾아 부른다.

그를 잘 모르는 사람들은 그를 목사와 선교사, 개척자로 부르지만, 그의 삶을 옆에서 가까이 지켜본 사람들은 그를 '퍼(아빠)'라고 부른다. 육으로 낳은 자식에게나 영으로 입양한 자식에게나 그는 평생 아빠, 아버지였다. 그가 태국으로 터전을 옮기고 깊게 심기어 우람한 '퍼(아빠)'가 되었을 때 그의 가지는 어린 자녀들이 오를 그네가 되었고, 잎새는 왕관이 되었으며, 그의 농익은 열매는 달콤한 휴식이 돼 주었다. 아이들은 늘 아낌 없이 주는 퍼와 함께 했고, 그래서 나무는 행복했다.

아이들이 각자 자기 길을 찾아 떠날 때도 그는 늘 인색한 법이 없었다. 그때그때 열린 열매를 바리바리 챙겨주며 그들의 떠나는 길을 축복해주었다. 품을 떠나갔던 자식들이 돌아오면 나뭇가지를 내어주며 위로해주었고, 잘살아 보겠다고 발버둥 치는 자식들에게는 기둥까지 베어주며 응원해주었다. 그래서 나무는 행복했다.

그루터기만 남은 나무를 향해 "아빠, 물려줄 유산 없는 거죠?"라며 물은 장성한 자식의 질문은 결코 치기 어린 의문이 아니었다. 평생 아낌없이 주는 아버지께 드리는 존경과 사랑의 입맞춤 같은 인사였다. 이제 더 주고 싶어도 줄 수 없는 늙은 나무 밑동에, 선명하게 새겨진 복음과 진리를 평생의 유산으로 소유하려는 자식의 속 깊은 고백이었다. 그래서 나무는 행복했다.

이 책은 살아온 날보다 살아갈 날이 적은 아버지가, 앞으로 고된 인생길을 헤쳐나갈 아이들에게 마지막으로 줄 수 있는 쉼과 힘을 위한 당부이다. 살다가 아버지의 냄새가 그리울 때, 열심히 살았지만 방향을 잃어 방황할 때, 세상이 녹록지 않아 포기하고 싶을 땐 언제든 돌아와 잠시 머물다 가라고, 한 자 한 자 제 몸에 새겨 아들의 물음에 답을 했다. 그래서 나무는 행복했다.

이 책이 이 시대 청소년들과 젊은이들에게, 나를 찾아가는 여정 가운데 마음이 시원해지는 성찰과 길잡이의 역할을 해줄 것이라 믿는다.

한기승 목사
(숭일중고등학교 이사장. 광주중앙교회 담임목사)

프롤로그

목사가 되고 싶었다. 돈이나 명예에 매이지 않는, 아이들을 위한 목회자가 되고 싶었다. 지금 생각하면 황당하지만 나는 당시에 그런 이상을 품은 채 결혼을 한 후 바로 정관수술을 했다.

물불 가리지 못하던 선교사 초년병 시절, 아직 전기도 없는 깊은 밀림에 '빠마이 공동체'를 개척해 성탄 예배를 준비하던 1992년 12월이었다. 갑자기 아내가 메스껍다며 구토를 했다. 병원까지는 약 7시간을 가야 하는 오지였다. 아내가 임신을 했다는 의사의 말에, '하나님은 능히 그렇게 하실 수 있는 분'이라는 생각뿐이었다.

그렇게 큰아들 '다라'가 태어났고, 연년생으로 둘째 아들 '주라'가 태어났으며, 생각지도 않던 늦둥이 '의라'가 태어나 늦게까지 우리 부부의 기쁨이 돼 주고 있다.

큰아들 이름은 태국어로 '맑은 시내, 별'의 의미를 담았고, 한국어로는 '다 찬양하라, 최선을 다하라'라는 말을 줄여 '다라(Dhara)'로 지었다. 둘째 아들 '주라'(Jura)는 태국어로 '연, 정직'의 의미를 담았고, 한국어로는 '주를 기뻐하라, 주어라'라는 의미를 담아 지었다. 막내아들 '의라(Euira)'는 '하나님의 뜻, 정의'라는 의미를 넣어 지었다. 또 우리에게는

'사랑'이라고 부르는 딸이 있다. 초등학교 6학년 졸업을 앞두고 치앙마이로 와서 7년 반을 우리와 함께 살았다. 의사의 꿈을 가지고 네덜란드 대학에서 생물학을 전공했고 이번에 졸업논문을 마쳤다. 그곳에서 좋은 남자도 만나 사랑을 키워가는 중이라니 감사하다. 우리 아이들의 이름을 다 합하면 '다 주의 사랑'이다.

큰아들이 대학 3학년 때의 일이다. 방학을 맞아 집에 온 아들이 함께 산책하던 중 느닷없이 내 어깨를 감싸며 말한다.

"아빠, 제게 물려줄 유산은 없으시죠?"

당황하면서 아들의 의도가 무엇인가 궁금했던 내게, 아들은 다짜고짜 유산을 약속해 달라고 했다. 무슨 말이냐고 했더니 먼저 약속부터 하란다. 그러마 약속을 하자 아들이 빙긋이 웃으며 뜻밖의 말을 했다.

"아빠가 SNS에 쓴 글과 그동안 메모해 둔 글들을 저에게 유산으로 주세요."

그리고 가족 카톡방에 이런 글을 올렸다.

"아버지의 글은 인생이라는 끝없는 마라톤에서 한 모금씩 마시는 물과 같습니다. 매일같이 달리고 또 달리다 보면 지치고 포기하고 싶은 순간이 옵니다. 그때 이 글을 읽으면 이 마라톤을 계속해야 하는 의미와 힘을 조금이나마 얻게 됩니다. 저는 오늘도 달립니다. 결승선에서 보는 그날까지 서로 힘냅시다. 아자!"

아들의 말이 얼마나 기뻤는지 아직도 잊히지 않는다.

살면서 일찍 돌아가신 아버지의 부재를 자주 느꼈다. 아버지가 옆에 계셨다면 어떻게 하는 게 좋을지 묻고 싶을 때가 참 많았다. 그런 생각들을 글로 정리해 아이들에게 보내기 시작했다. 미얀마 사역지를 가거나 다른 나라에 일이 있어 갈 때, 가까운 곳에 가더라도 집을 비우게 될 때면, 언제 어디서든 엽서를 사서 아이들에게 편지를 썼다. 아이들이 귀찮아하기도 했던 것 같고 잘 읽지 않는다는 것도 알았지만 나는 아이들에게 글 쓰는 것을 쉬지 않았다. 사랑하는 아이들에게 좀 더 많은 유산을 남겨주고 싶어서였다. 그런 시간이 오롯이 큰아들의 가슴에 흘러들었다고 생각하니 뭉클하다.

그동안 '빠마이 공동체' 아이들은 내가 좋아하는 색으로 채색하며 사랑해왔다. 그런데 우리 아이들을 길러가는 과정에서 그들이 원하는 색이 따로 있다는 것을 깨달았다. 내게 이 아이들을 주신 하나님의 뜻을 이제야 조금 알 것 같아 참 감사하다.

이 글들의 시작은 우리 아이들에게 쓴 것이지만, 사실은 태국과 미얀마 공동체에서 자라고 있는 아이들은 물론, 한국과 세계의 많은 젊은이과 함께 나누고 싶은 마음으로 쓴 편지다. 부디 이 편지와 당부가 빤한 잔소리와 참견으로 받아들여지지 않기만을 바라는 마음이다. 삶의 무수한 갈래에서 흔들릴 때, 이 땅에 조금 먼저 온 인생 선배가 들려주는 귀띔 정도로 생각해 주면 좋겠다.

"사랑하는 아들딸들아. 무엇이 되겠다는 사회적 신분(Social position)을 꿈으로 삼지 말고, 너희의 수고와 땀으로 품은 생명의 숫자를 비전으로 삼거라. 혼자서만 잘 살려 하지 말고, 더불어 사는 꿈을 꾸거라. 꿈을 향한 삶의 과정을 즐거워하고, 그 열매는 독점하려 말고 공유하거라. 그러면 너희에게 자신이 수고한 결과를 맡겨 관리를 부탁하는 자들이 있을 것이고, 세상의 소유를 공정하게 분배하며 온 세상의 생명을 살리는 기회도 주어질 것이다. 사랑한다."

나만의 일기와 편지가 세상에 나오기까지, 모든 편집과정에 수고해 주신 이미희 권사님과 사랑하는 아내 이미숙 선교사, 표지 글씨를 써주신 임정수 선생님, 그리고 귀한 책으로 엮어주신 드림북출판사에 깊은 감사를 드린다.

2020년 11월 19일 결혼 35주년을 기념하며 정도연 선교사

차 례

chapter 1.

우리를 위한 기도

아들딸에게 1

1. 너희의 숨겨진 죄를 세상의 말로 위로하며 이 세상에서의 복을 지나치게 강조하는 목사를 멀리하고, 너희의 뿌리 깊은 죄성을 깨닫게 해주는 목사님을 가까이해라. 불편함 속에 오히려 깊은 평안함이 있다. 2. 사람의 비위를 맞추는 말을 가슴에 담지 말고, 너희의 가슴 깊은 곳에 침전된 진실, 희망, 정의, 사랑을 자극하며, 감동을 주는 사람은 빈손으로 보내지 말아라. 3. 종은 한 사람에게만 충성하면 되지만, 주인은 책임지고 있는 모든 종에게 충성하는 자이다. 종이 되려거든 충성스러운 주인의 종이 되어, 너희 충성이 더 많은 사람에게 은혜가 되도록 해라. 4. 윗사람에게 자기 뜻을 전해야 할 경우가 생기거든 먼저 기도로 잘 준비하고 연습해라. 그리고 예의를 갖추어 말하고 지혜로워야 한다. 5. 너희가 아무리 선한 목표를 가지고 살아가려 해도 세상의 유혹이 많을 것이다. 굳이 악한 방법을 배우려 에너지를 낭비하지 말고 더욱 선한 목표와 방법을 추구해라.

아들딸에게 2

1. 너희 환경의 취약함을 가지고 동정을 얻으려 하지 말고, 너희 삶의 자세와 준비된 능력을 알아보는 사람들이 너희에게 투자하게 하도록 해라. 2. 동정을 받고 싶은 마음과 삶의 자세를 가지고 기도하되, 기도할 때 하나님께서 너희 생각에 동의해 주시길 바라기보다는, 숨겨

진 하나님의 뜻을 깨닫고 고민하며 응답을 기다려라. 3. 희망이 있다는 것은 스스로 절제가 가능하고, 누군가의 권면을 통해 자신의 약함을 보충할 줄도 알며, 방향이 같은 이웃과는 협력하고 연합할 줄도 안다는 의미이다. 4. 욕망은 스스로 절제가 어렵고 권면을 듣기 싫어한다. 가끔 억지로 듣는 척해도 자기 생각을 바꾸기보다는 자기주장만 더 강해진다. 자기주장이 강해질수록 갈등도 심해진다. 5. 꿈에 대한 신실한 자세는 자신과 바라보는 이를 편안하게 하지만, 욕망으로 인한 열정은 자신과 주변 사람들을 불안하게 한다. 꿈은 키워가고 욕망은 지워가라.

아들딸에게 3

1. 너희 귀를 위로하고 즐겁게 하는 설교보다, 너희의 침전된 양심을 흔들어 깨우는 설교에 귀 기울이며, 그 목사님께 꼭 감사하다고 인사드려라. 2. 칭찬에 인색한 사람, 실패의 책임을 자신의 어리석음에서 찾지 않고 상대에게 돌리는 사람, 승자에게 훈수를 두려고 하는 사람은 지혜롭게 거리를 두어야 한다. 3. 시기와 질투만 지혜롭게 다스려도 어리석은 실수를 줄일 수 있다. 강자에 대한 약자의 시기는 자신의 성장을 가로막는 벽이 되고, 약자에 대한 강자의 질투는 스스로 권위를 실추시킨다. 4. 지금 너희가 서 있는 위치가 어디이든지 약자의 위로나 동정을 바라기보다, 리더의 고독과 온유를 생각해보고 경험하는 기회

로 삼아라. 5. 사회적 힘이 위임받은 포지션에 있지 않고 그 자리를 맡겨준 다수에게 있다는 걸 잊지 않으며, 의무와 책임을 다하는 자에게는 또 다른 기회가 주어진다.

아들딸에게 4

너희가 잠을 이기지 못하는 것은 피곤해서라기보다는, 아직 너희가 잠을 이겨야만 가능한 절박한 꿈을 만나지 않았기 때문이다. 아직 공부에 집중하지 못하는 것은 그 꿈을 배우고 알아가는 즐거움의 과정을 맛보지 못해서이고, 너희 꿈의 열매들에서 희망을 찾고 기뻐하는 무리를 만나보지 못해서이다. 어떤 상황에서도 그 꿈을 생각하면 쏟아지던 잠이 떠나고, 희미해져 가던 생각이 다시 집중되는, 거룩한 꿈을 세워 가시는 하나님의 은혜를 체험하기 바란다.

아들딸에게 5

누구나 한두 개 정도는 자의든 타의든 '카톡'이나 '밴드' 같은 SNS의 단체방에 가입돼 있다. 좋은 면도 있지만, 쉴 새 없이 울리는 알림 소리나 특별한 의도를 가진 퍼 나르기 등은 불편하고 불쾌할 수도 있다. 심사숙고해서 크게 중요하지 않은 방이라고 판단되면 가입했을 때 바로 탈퇴하는 것이 좋다고 생각한다. 하지만 오랜 시간 함께 한 곳인데, 상황의 변화나 관계의 불편함이 있다고 해서 냉정하게 박차고 나가는 성급함은 없어야 한다. 소식을 자주 올리지 못하고 댓글은 달지 못해도 좋다. 하지만 편하게 읽다가 내가 어려움을 만났을 때 어느 순간 내 힘든 자리를 박차고 일어서게 하는 SNS 가족 하나는 두고 살면 좋겠다. 오랜만에 봐도 낯설지 않은 만남은 때때로 너희 삶에서 마중물이 되기도 한다.

아들딸에게 6

비전과 목표는 반드시 사람이 중심이어야 한다. 그래야 열정을 가지고 노력하게 된다. 나 혼자만을 위한다면 대충 살아도 하루 세끼는 먹고 살 수 있으므로 자칫 게으르거나 안일해지기 쉽다. 그러나 내가 열심히 노력하고 일해서 책임져야 할 사람들이 있다면, 힘들고 어려운 일을 만나도 그들을 생각하며 쉽게 포기하지 않게 된다. 그러는 과정에서 자신의 잠재능력이 드러나고 발전해 간다. 이런 사회적 책임을 자진자가 지도자가 돼야, 건강하고 행복한 국가와 사회를 만들어 갈 수 있다. 그러나 우리 주변에는 공동체의 기쁨과 행복과는 전혀 무관한, 무서운 열정을 가지고 사는 사람들이 있다. 이처럼 자기 혼자만을 위한 꿈에 열정이 과한 것을 욕심이라고 한다. 그런 욕심을 채우려는 사람이 많은 사회는, 다소 발전은 할 수 있어도 정의와 공의가 사라진 부패한 국가가 될 수 있다.

아들딸에게 7

인생은 내 주변에 있는 사람들을 어떻게 잘 관리하느냐에 달려있다 해도 과언이 아니다. 그들의 마음을 얻고 능력을 활용해서, 내가 목표한 꿈은 물론 나를 사랑한 그들에게도 희망과 만족을 줄 수 있어야 하기 때문이다. 이제 너희도 이 인생 여정을 시작했다. 언젠가는 너희가 지금 있는 그곳에 다시 설 날도 있을 것이다. 그때 후회나 아쉬움이 남지 않도록 미리 준비하는 게 오늘이라는 시간이다.

사람의 능력이란 어떤 환경에서 누구를 만나느냐에 따라 그 쓰임이 결정된다고 본다. 그걸 기회라고 한다. 그렇다면 기회는 하나님께서 사람을 통해 주신다는 것을 알 수 있다. 그런 측면에서 너희가 쌓아가야 할 가장 중요한 한 가지는 인간관계다. 너희 주변 사람들을 챙기고 좋은 관계를 만들어 가야 한다는 것을 잊지 말아라. 너희를 바라보는 사람이 살아계신 하나님의 영광을 느낄 수 있도록 겸허한 맘으로 노력하자.

너희 자신과의 약속에 신실해라. 그러면 다른 사람에게 잘 보이려 꾸미지 않아도 너희를 인정해 주고 기회를 줄 것이다. 반대로 남의 눈을 의식해 너희 자신에게 진실한 습관을 쌓지 못하면, 현재의 한계를 넘지 못할 뿐 아니라 주어진 기회도 빼앗긴다. 자신을 이길 수 있는 사람은 세상을 다스릴 수 있다. 너희의 약한 기질과 성품, 습관이 너희를 지배하지 못하도록 의지로 통제하자. 자신이 수고하지 않은 것을 자랑하며 자기 것처럼 사는 사람도 조심해야 한다. 자신의 실력과 능력이 없는 것을 자신감으로 대신하려는 어리석음을 조심하자.

하나님은 너희에게 약한 부분도 주셨고 강한 부분도 주셨다. 약한 부분은 인정하고 숨기지 않아야 한다. 또 강한 점을 더 즐기며 개발해 나가도록 노력해야 한다. 그러려면 먼저 다른 사람의 말에 귀 기울여야 하고, 말은 짧아도 내용이 담겨있어야 하며, 억양에는 절도가 있어야 하고, 말하는 태도는 겸손하고 미소가 있어야 한다.

아들딸에게 8

1. 세상을 살아가는 삶의 지혜는 순종과 경험을 통해 얻어진다. 순종의 대상이 누구냐에 따라 선한 지혜를 배우거나 잔꾀만 배우기도 한다. 2. 성실한 삶을 통해 깨달은 지혜는 너희를 성장하고 성숙하게 하지만, 게으르고 욕망에 사로잡힌 삶에서 배운 잔꾀는 자신은 물론 이웃까지 함정에 빠지게 한다. 3. 너희가 어른이 되기까지 한 번도 극한 한계에 놓여 본 적이 없다면 하나님의 은혜다. 그러나 이 은혜를 통해 순종을 배우지 못하면 잔꾀를 가진 자에게 당할 수 있다. 4. 삶의 고비에서는 지식보다 지혜가 더 필요하다. 지혜는 삶의 극한 상황을 선하게 극복하면서 얻는다. 지혜로운 자는 순종을 통해 그 지혜를 깨닫는다. 5. 너희에게 선한 지혜를 줄 수 있는 순종의 대상은 하나님, 부모님, 스승이다. 하나님을 의지하고 그의 말씀에 순종하며, 부모님과 스승의 삶에서 삶의 지혜를 배워라.

아들딸에게 9

1. 날마다 거룩함을 목표로 삼고 살아라. 거룩은 하나님을 닮아가는 것이지 인간의 선한 행위를 경쟁하는 것이 아니다. 누군가를 닮기 위해서는 그를 바르게 아는 것이 먼저다. 2. 삶의 목표는, 하나님께서 정하신 안식일에 영적 대가족들과 함께 너희에게 지정하신 지정석에 모여, 하나님의 말씀을 듣고 마음에 새기는 것으로 삼아야 한다. 3. 지혜로운 자는 악에 담대하고 선에 온유하지만, 어리석은 자는 악에 약하고 선에 강하려고 한다. 너희의 강하고 담대함이 지혜로워야 한다. 4. 리더가 수준을 낮추면 개인은 조금 편안해질 수 있으나, 그 조직은 발전하고 성숙해지기 어렵다. 너희의 잠재능력을 일깨워주는 지도자를 만나도록 기도해라. 5. 그가 누구이든 너희를 육체적 편안함에 가두고 성찰과 거리가 먼 삶으로 유도하는 자는, 너희가 어리석고 우둔한 자로 살기를 바라는 자들이니 스스로 지혜롭게 경계해야 한다.

아들딸에게 10

1. 삶에는 꼭 해야 할 일, 하고 싶은 일, 절대 하지 말아야 할 일 이 세 가지가 있다. 많은 사람은 하고 싶은 일을 먼저 하고, 도리어 하지 말아야 할 일을 먼저 배운다. 하지만 지혜로운 사람은 해야 할 일을 우선순위에 둔다. 해야 할 일은 정해진 시간이 있고 장소가 있으므로, 때와 환경이라는 기회를 놓친 후에 다시 그 일을 하려면 많은 대가를 치

러야 하기 때문이다.

2. 하나님께서는 왜 출애굽한 이스라엘 백성을, 쉬운 길이 있음에도 돌아가는 길로 인도하셨을까. 우리가 범죄 할 때 하나님은 우리의 환경을 하나님의 뜻을 이루기 위한 도구로 사용하신다. 그래서 훈련으로 성숙시키고자 할 때 우리를 조금 멀리 돌아가는 길로 인도하심을 알 수 있다. 중요한 것은 어느 길로 가더라도 하나님께서 우리보다 앞서 가신다는 점이다. 오늘도 우리 앞에서 불기둥과 구름 기둥으로 인도하시는 그분을 따라가도록 서로 기도하자.

3. 호세아의 딸 '로루하마'를 보면서 하나님의 긍휼을 생각한다. 긍휼의 은혜란 어떤 상황에서도 우리의 생각과 마음이 하나님으로부터 떠나지 않는 것이다. 너무 많은 은혜와 축복을 구하기보다, 우리의 생각과 마음이 하나님과 연결된 하루하루를 살아보자.

4. 하나님께서 인도해가시는 인생에서 꼭 배워야 할 것이 있다면 그것은 순종이다. 하나님께 순종할 수 있는 삶이, 영향력을 나누는 인생이 될 수 있다는 것을 마음에 새기고 살자.

5. 어렵고 힘들다고 느껴지는 상황이 있다면, 지금 당하는 일이 처음 경험하는 일이거나 익숙지 않아서이다. 그러나 오히려 그 낯선 일을 통해 배울 게 있다는 것을 알고 계속 앞으로 나가다 보면, 어느 순간 꿈에 가까이 다가가 있음을 발견하게 된다.

6. 다양한 문화적 배경 속에서 살아온 친구들과 이야기하거나 함께 생활할 때, 선뜻 이해되지 않은 부분들이 있기 마련이다. 그럴 땐 성급

히 대답하거나 결정을 내리지 말고, 잠시 그들의 문화적 배경을 먼저 이해하려고 노력하면 좋겠다.

7. 똑똑한 사람보다는 지혜로운 자가 돼야 한다. 언뜻 볼 땐 이성의 정화를 거치지 않고 감성의 순발력으로 반응하는 사람이 똑똑해 보일 수도 있다. 하지만 지혜로운 자와 교활한 자의 외형이 비슷하다는 것 또한 염두에 두어야 한다. 지혜는 공의를 우선순위로 생각하지만, 똑똑함과 교활에는 사적 욕심이 숨어있다.

8. 너희의 지혜, 지식, 지금의 환경, 기회 등 모든 것이 하나님의 은혜라는 사실을 늘 기억하고 마음에 새겨라. 너희의 모든 최선의 노력과 수고 다음에는, 항상 하나님께서 마무리하실 수 있도록 내려놓는 믿음의 사람이 되길 기도한다.

9. 초자연적인 것만 하나님이 주신 것이 아니다. 우리가 땀 흘려 노력하고 수고해서 얻은 것들도 다 하나님이 주신 것이라는 사실을 잊어버리면, 세속적 가치가 더 커 보이고 아름다워 보일 수 있다. 우리를 광야에서 인도하신 하나님은 이미 가나안 땅을 준비해 두셨다. 하나님은 그곳에서도 우리와 함께하신다는 믿음의 고백이, 매 순간 어디에서나 찬양이 되는 삶을 위해 서로 기도하고 노력하자.

아들딸에게 11

너희를 아빠와 엄마에게 선물로 주신 하나님께 감사한다. 시민과 국민의 권리를 행사할 수 있는 선거를 앞두고, 조심하거나 지혜롭게 대처해야 할 사람에 대해 생각해보았다.

자신이 범한 행위나 실수에 대해서는 뻔뻔하면서, 남의 약함은 끈질기게 물고 늘어지며 빈정대는 사람이다. 세상에는 이런 사람이 의외로 많고, 또 이런 사람의 뻔뻔함에 속아 따르는 어리석은 무리도 많다. 믿음과 사랑이라는 종교적인 눈과 감정만 가지고는 깨닫기 어렵다. 나도 오랜 세월 속에서 많은 경험을 통해 이런 유형의 사람이 있다는 것을 깨달았다. 이런 사람은 누구에게나 쉽게 접근하고 친절하며 자기가 한 일을 과장해서 호들갑스럽게 말하지만, 자기 실수에 대해서는 솔직하지 못하고 항상 상대를 물고 늘어졌다.

이런 유형의 사람이 있거든 지혜롭게 거리를 두기 바란다. 그러나 진실하고 정직한 좋은 친구를 얻기 위해서는 너희가 먼저 그런 친구가 돼야 한다.

아들딸에게 12

나이에 따른 지정석과 그 시간에 해야 할 의무와 책임에 대해 생각해보았다.

어린아이 때는 엄마 아빠의 품이 지정석이고, 건강하게 잘 자라며 바른 습관과 인격의 기초를 잘 정립해야 하는 의무와 책임이 있다. 초등학생부터 고등학생까지는 가정과 학교가 지정석이고, 인격의 용량을 키우고 다듬으며 학년에 따른 학과 공부에 최선을 다해야 하는 의무와 책임이 있다. 대학생이 되면 지금까지 나를 지켜주던 가정이란 지정석을 떠나 상아탑이란 4년의 한시적 지정석에서, 내가 평생토록 지키고 보호해야 할 내 가정의 지정석을 만들어야 하는 과제가 생긴다.

이런 여러 인생의 과정에서 우리가 갈등하는 것은, 시기마다 내 의도와 관계없이 꼭 해야 하는 일이 있고, 그 일보다는 내가 하고 싶은 일이 따로 있기 때문이다. 또 우리 주변에는 내가 꼭 해야 할 일에 성실을 요구하는 사람이 있고, 내가 하고 싶은 일에 대한 호기심과 기대를 자극하는 사람이 있다.

그때 옥석을 가리는 판단 기준은 책임감을 가진 자의 관계다. 너희 인생에 책임감을 가진 사람은 너희가 불편해하고 어렵다고 여기는 권면과 지도를 할 것이지만, 그렇지 않은 사람은 언뜻 지름길이라 여겨지는 이야기로 편하고 싶은 네 호기심을 자극할 것이다.

너희 인생에 책임감을 가진 자의 권면과 지도의 특징은, 너희를 현재 주어진 지정석이라는 제도 안에 충실하게 할 것이다. 반면 책임감 없이 너희의 호기심과 기대를 자극하는 사람들의 말은, 현재 주어진 지정석에 성실하지 못하도록 하는 유혹이다. 삶의 가장 분명한 지정석을 이해하고 깨닫기 바란다.

아들딸에게 13

기회는 모두에게 평등하게 주어지지만, 기회를 활용하는 것은 개인의 선택이다. 지금 주어진 일에 최선을 다하는 사람이, 가장 확실한 꿈을 가지고 성숙하게 미래를 준비해 가는 자이다.

너희의 꿈은 누군가의 재 생산품이다. 누군가가 사랑의 투자를 아끼지 않았기에 너희의 꿈이 이루어져 간다. 그래서 때로는 도움받는 것을 불편해하지 않아야 하지만, 그렇다고 도움받는 것을 즐기지도 말아라. 다만 너희 꿈이 이루어진 후엔 너희도 또 다른 누군가를 위해 사랑으로 돕고 헌신해서 재생산을 이루어야 한다. 만약 너희의 꿈이 재생산되지 않고, 여전히 누군가의 도움을 받아야만 한다면 그 꿈은 수정해야 한다. 많은 사람을 불편하게 할 수 있기 때문이다.

시간은 돈이다. 눈물의 빵을 먹으며 책과 싸우는 시간은 재물을 모으고 생명을 저축하는 시간이지만, 놀면서 먹고 마시며 보내는 시간은 돈을 낭비하며 후회를 저축하는 시간이다. 오늘도 꿈을 향해 땀 흘리는 것을 기뻐하고 감사하는 너희를 사랑하고 존경한다.

아이들을 위한 기도 1

주여!

내 눈을 가리고 있는 죄의 색안경을 벗겨 주소서. 그리하여 내 영혼이 피조물 곳곳에 신비하게 전시된 아버지의 사랑과 숨결을 보고 듣고 느끼게 하소서. 그 은혜를 묵상하고 기록하여 겸손히 나누기를 바라나이다.

세상의 부귀영화를 좇지 않도록 지켜주소서. 그러나 내게 맡겨주신 생명을 위해서는 세상 성공의 목표를 가진 자들보다 더 충성스럽고 성실하게 삶의 과정을 즐기게 하소서. 평범한 삶의 여정 속에서도 주의 인도하심을 느끼고 감사하며, 찬양하는 행복을 이웃과 나누게 하소서. 세상 지식보다 하나님을 깊이 아는 지혜를 주시고 불의한 힘을 의지하지 않게 하소서. 주께서 민망히 여기셨던 마음을 내게도 주셔서, 핍박당하는 자의 의를 위해 담대하게 하사 아버지의 공의를 실천하게 하소서.

십자가의 사랑과 의를 바르게 이해하고 정리해, 악의 공격과 조롱 앞에 강하고 담대하게 하소서. 억울한 일과 유혹에 빠져 악의 비웃음과 조롱당하지 않도록, 나를 다스리는 침착함과 그 순간에 필요한 지혜와 의지를 주소서. 삶의 어떤 상황에서도 주께서 복 주신 주의 시간과 공동체가 드리는 예배의 지정석, 그리고 그곳에서 내게 주신 역할을 지켜내는 은혜 입기를 소원합니다.

하나님의 독생자 예수 그리스도의 이름으로 기도합니다. 아멘.

아이들을 위한 기도 2

주님!

주께서 내게 선물로 주신 자녀들이 하나님의 말씀을 듣고 순종하며,

여호와를 경외하는 마음을 잃지 않게 하소서. 모든 것을 나누어도 아깝지 않을 친구를 만들게 하시며, 건강한 인격과 창조적 세계관으로 인도할 스승을 만나게 해 주소서.

자유롭되 질서를 존중하며, 주장이 뚜렷하되 대의 앞에서 순종하고, 자유인이나 방종하지 않으며, 온유하나 비굴하지 않고, 사랑을 이해하되 이기적이지 않으며, 창의적이나 독선적이지 않고, 경청할 줄 알되 우유부단하지 않으며, 예리하되 따뜻하고, 감정적이되 절제할 줄 알게 하소서.

개인보다는 공동체에 충실하고, 평범하나 자기 멋이 있으며, 문명을 이해하나 자연을 더 사랑하고, 용맹하되 불의하지 않으며, 강하나 고집부리지 않고, 불이익을 당할지라도 정직하며, 용기가 있으나 만용을 부리지 않고, 모든 것이 풍족해도 기도를 쉬지 않으며, 궁핍해도 감사가 떠나지 않는 소망의 믿음으로 자라, 당신과 이들을 아는 자들의 풍성한 기쁨이 되게 하소서.

하나님의 독생자 예수 그리스도의 이름으로 기도합니다. 아멘.

아이들을 위한 기도 3

지혜의 근본이신 아버지 하나님!

그동안 우리가 다른 친구들보다 더 좋은 성적을 얻는 것이 자랑이고, 더 좋은 대학 들어가면 성공이라는 이기적인 마음으로 공부하지 않았나 돌아봅니다. 일의 가치를 유물론적으로만 계산하고 생명을 품지 못했으며, 일의 과정을 통해 내 모남이 다듬어지는 것과 성숙해지는 은혜를 깨닫지 못했고, 결과만 좋은 이 어리석음을 용서하소서.

우리 아이들의 꿈을 사회적 위치가 아니라 그들의 수고와 땀으로 책임지는 생명의 숫자가 되게 하시고, 그 생명을 책임지고 살아가는 과정이 세상의 공의의 기준이 되게 하소서. 비록 내 신분과 삶은 여전히 그대로일지라도, 나로 인해 이웃이 평안하고 잘되는 것이 저 아이들의 기쁨이 되게 하시고, 주께 드리는 찬양이 되게 하소서.

하나님의 독생자 예수 그리스도의 이름으로 기도합니다. 아멘.

아이들을 위한 기도 4
하나님!

우리 자녀들을 하나님의 은혜받을 대상으로 정해 주십시오. 태 속에 있을 때부터 사랑하시기로 작정하신 존재라고 확인해 주십시오. 우리 자녀들을 아무런 조건 없이 사랑하게 해 주십시오. 이삭이 에서를 사랑하듯 뭔가 칭찬받을 만한 것이 있어서가 아니라, 리브가가 야곱을 사랑하듯 한 것도 이룬 것도 없고 무엇을 시작하기도 전에, 그의 연약하고 부족하고 망가지고 도저히 봐줄 수 없는 부분을, 우리의 조건 없는 사랑으로 채우게 해 주십시오.

이토록 사랑받던 우리 아이들이 우리 품을 떠나서 그들의 삶과 세상을 위해 떠나는 그 첫날, 그들이 스스로 설계하고 세운 세상 한복판에 다다르기 전, 그들이 꿈꾸는 세계를 만나기 전에 이 아이들을 만나 주셔서, 지금까지 이 아이들에게 가르쳤던 이야기를 이제 당신이 친히 들려주십시오.

이 아이들에게 하나님은 살아 계시다고, 예수 그리스도께서 우리를 위해 십자가에 죽으시고 부활하셨다고, 그 독생자의 죽으심을 통해 우리가 하나님의 자녀로 구별되었으니 이제는 영광의 하나님과 주님을 섬기며 살아야 한다고 가르쳤습니다. 해주어야 할 이야기는 다 해주었으니 이제는 하나님께서 직접 만나 주셔야 할 시간입니다.

하나님의 독생자 예수 그리스도의 이름으로 기도합니다. 아멘.

아이들을 위한 기도 5

주여!

내게 맡겨주신 육과 영의 자녀들로 인해 하나님의 사랑을 더욱 풍성하게 깨닫게 하시고, 나를 겸손하게 다듬어 가시니 감사합니다. 저들에게 일용할 양식과 필요한 삶의 환경을 주셔서 몸과 마음이 건강하도록 인도해주시니, 저들의 성장은 오직 주님의 은혜입니다.

우리 자녀들이 십자가와 부활의 복음을 깨닫고 주의 말씀에 순종해, 하나님의 뜻 안에서 세계를 통찰하는 지혜를 얻게 하시고, 그들의 수고와 땀 속에 생명을 품고 살게 하소서. 예배의 지정시간과 예배의 지정

석, 예배의 지정역할을 확보하고 지키는 것을 모든 삶의 우선순위에 두
도록 노력하며, 그로 인해 그들의 이웃들도 주일을 거룩하게 지키는 은
혜를 누리게 하소서.

내게 주신 사랑하는 아이들을 위해 간구합니다. 저들 영혼이 피조물
곳곳에 신비스럽게 전시된 아버지의 사랑과 숨결을 보고 듣고 묵상하
고 기록하여, 겸손하게 나누는 은혜가 있기를 간절히 구합니다. 세상
부귀영화를 좇지 않지만, 맡겨진 생명을 위해서는 세상 성공이란 목표
를 가진 자들보다 더 성실하고 충성되게 삶의 과정을 즐기게 하시고,
삶의 일상에서 주의 인도하심을 감사하게 하소서.

하나님을 깊고 넓게 깨닫는 지혜를 주셔서 불의한 힘을 의지하지 않
게 하소서. 주님께서 목자 없는 양 같은 무리를 보시고 민망히 여기셨
던 것처럼, 저들에게도 그런 마음을 주사 연약한 자의 의를 지키고 세
상에 아버지의 공의를 드러내기 원합니다. 십자가의 사랑을 바르게 이
해하고 정리해 악의 공격과 조롱 앞에 강하고 담대하게 하시며, 억울한
일과 유혹에 빠져 악에 비웃음당하지 않도록 자신을 다스리는 절제와
의지를 주소서.

하나님의 독생자 예수 그리스도의 이름으로 기도합니다. 아멘.

아이들을 위한 기도 6
주여.

사랑하는 우리 아이들이 부모에게 순종하는 자로 살게 하소서. 형제들에게 일용할 양식과 샬롬을 전하라는 아버지의 명령에 순종하되, 순종의 꼭짓점에서 되돌아서지 않게 하시고 순종을 연장해 갈 수 있는 용기와 지혜를 주소서. 샬롬을 거절한 형제들에게 배반을 당했고, 몸과 마음을 다해 섬겼던 곳에서 억울한 누명을 쓰고도 그 가정의 샬롬을 지켰던 요셉을 기억하게 하소서.

사랑하는 우리 아이들이 형통한 자가 되게 하소서. 내 꿈이 이루어지는 것보다, 내 신분과 삶은 여전히 그대로일지라도, 나를 품고 있는 주인의 모든 것이 여호와의 복으로 충만하고 형통케 하는 자가 되게 하소서.

사랑하는 우리 아이들에게 공정관리와 공정분배의 기회를 주소서. 요셉이 바로의 꿈을 따라 풍년 7년 동안 1/5의 곡물을 거두었을 때, 심히 많아 세기를 그쳤던 것처럼 우리 아이들이 남의 소유를 정직하게 관리하게 하시고, 흉년이 들었을 때는 세금을 낸 자뿐 아니라, 세금을 내지 않았던 이방인에게도 일용할 양식을 공정하게 나누어 온 세상의 생명을 구하는 자가 되게 하소서.

하나님의 독생자 예수 그리스도의 이름으로 기도합니다. 아멘.

가정의 신앙고백

하나, 하나님께서 가장 먼저 세우신 거룩한 생명 공동체가 가정이라는 것을 믿는 우리는, 하나님을 경외하고 그의 명철과 지혜를 의지해 이 가정을 지키는 수고와 노력을 기뻐하겠습니다. 하나, 우리 가정에 맡겨진 예배의 지정석을 거룩하게 지키려는 목표로, 각자 주어진 삶의 현장에서 성실하고 충성된 예배자의 삶을 살도록 힘쓰겠습니다. 하나, 우리 가정은 하나님께 순종하는 법을 거룩한 가정문화로 세워, 부모 형제간은 물론이고 성도와 동역자 사이에서도 순종의 본이 되는 삶을 살겠습니다. 하나, 우리 가정은 부모 형제와 이웃을 위한 꿈을 꾸고 실천하는 가정이 돼, 서로 아끼고 책임져주며 공의의 기준이 되는 삶을 살겠습니다. 하나, 우리 가정은 하나님께서 함께하시므로 형통케 하는 자들이 돼, 우리 가족과 함께 살아가는 사람들이 먼저 하나님의 복을 받고 누리는 것을 기뻐하는 가정이 되겠습니다. 하나, 우리 가정은 낯선 일 앞에서 염려하지 않고 고난을 두려워하지 않으며, 핍박하는 자를 원망하지 않고 주어진 모든 환경에서 최선을 다하겠습니다. 하나, 우리 가정은 억울한 일을 당할지라도 악에서 구하시는 하나님의 약속을 믿고, 한 가정을 지키기 위한 인내와 최선의 노력을 아끼지 않겠습니다. 하나, 우리 가정은 부모 형제들이 서로 사랑하는 과정을 통해 가정을 지키겠다는 왕의 꿈을 꾸고, 그 꿈의 성취도 꿈을 함께 꾸었던 가정에서 확인받도록 하겠습니다. 하나, 우리 가정은 자녀들이 성장해서 새 가정을 꾸리게 될 때, 그 새 가정을 통해 과거의 모든 상처를 회복하고, 과거의 아픔이 오늘의 감사가 되도록 하겠습니다. 하나, 우리 가정은 꿈이 이루어진 후에는 부모 형제들과 많은 생명을 초청해 함께 나누고,

그들을 부족함이 없도록 섬기겠습니다.

자녀들이 누리기를 바라는 쉼

1. 하나님의 뜻을 이해하는 것 2. 가족과 함께하는 시간 3. 과정을 즐기며 깨닫는 것 4. 내 땀의 열매로 기뻐하는 사람을 바라보는 것 5. 건강한 취미 생활을 하는 것 6. 좋아하는 음식을 먹는 것 7. 아름다운 자연에서 하나님의 은혜에 감사하는 것 8. 운동으로 땀 흘리는 것 9. 허물없는 친구와 격의 없이 만나는 것 10. 존경하는 사람을 만나 이야기를 듣는 것

쉼이 아닌 것

1. 한 끼 이상 밥을 먹지 않고 자는 것 2. 옳지 않은 습관에 빠진 것 3. 빚내서 사용하는 돈과 시간 4. 편안함이 없는 것 5. 일하는 시간보다 더 많은 휴식 6. 성실하게 일하는 자에게 위화감을 주는 것 7. 책임진 일에 복귀하지 못하도록 하는 것 8. 육체와 정신 건강을 해치는 오락 9. 몸에 좋다는 음식이나 약을 찾아다니는 것 10. 다음에 대한 새로운 구상이 없는 휴식

아이들에게 보낸 단상 1

악은 패했다고 해서 물러서거나 사라지지 않는다. 잠시 휴식을 취한 후 그 모양을 바꾸어 다시 접근해 온다. 보이는 악을 물리친 후에는 반드시 보이지 않게 내 안에 숨어들어 활동하는 악의 거점을 정리해야 한다. 불순종, 자랑, 교만, 욕심이 숨어있는 곳이다. 악과 대치하는 선은 지치기도 하고 그 샘이 말라버린 것 같은데, 선과 대치하는 악은 지치지도 않고 고갈되지도 않는다. 그것이 인간의 죄성이다. 자신의 불의를 인정하고 고백하는 자와는 함께 가야 한다. 누군가의 꼬임에 쉽게 빠지기도 하고 불찰로 실수하기도 하는 것이 우리 인간의 약함이기 때문이다.

아이들에게 보낸 단상 2

혹 경쟁하다 실패하거든 상대의 장점을 배우려고 노력하되, 약점을 잡아 앙갚음하려 하지 말아야 한다. 교훈은 실패에 더 많고 유혹의 덫은 성공의 길가에 있다. 드러난 능력으로 승리하는 것보다, 숨겨진 나쁜 습관과 거짓에 의해 무너지는 경우가 더 많다. 만약 너희가 강하다 해도 너희 지체 중 누군가는 약할 수 있다. 그래서 공동체는 악에 공격당하기 쉽고 유혹에 쉽게 넘어질 수 있다. 진리와 정의의 기준을 지키려다 당한 고난은 자랑이지만, 불의에 동맹해 얻은 이름과 부는 부끄러운 것이다.

아이들에게 보낸 단상 3

어떤 이유로든 너희에게 주신 은혜, 지혜, 지식, 능력, 장학금, 이웃들의 사랑과 관심, 다양한 재능 등 너희가 받은 모든 것들은 빼앗기거나, 잃어버리거나, 도둑맞아서는 안 된다. 그 받은 것들을 30배 60배 100배로 남겨서 다시 나눠주는 자가 되도록 자신을 관리하고 노력해야 한다. 바쁠수록 침착하고, 분주할수록 가까운 사람들을 챙기고, 다급할수록 기도해야 한다. 실수 앞에서 자신의 약함을 인정하고, 성취 앞에서 함께한 가족과 이웃을 기억하며, 기회를 만났을 때 하나님의 말씀을 묵상하자. 너희의 지혜와 지식을 십자가 위에 세우고, 너희의 글과 비전에 인격을 담아 너희 삶을 사람으로 가득 채워라. 그러기 위해서 '친구에게 잘하고 경쟁자에게는 더 잘해라.'. 넬슨 만델라의 말이다.

아이들에게 보낸 단상 4

아는 것보다 말을 적게 하는 것이 지혜다. 그래서 지혜자는 하고 싶은 이야기를 글로 정리하거나 기도하는 습관이 있다. 말은 줄이고 메모와 기도는 늘리는 사람이 돼야 한다. 불필요한 욕심과 의에 취해 의미 없는 논쟁에 빠지지 않도록 조심하자. 자기 능력을 과대평가하는 것도 문제지만, 주어진 능력을 사용하지 못하는 것은 다른 사람의 몫까지 낭비하는 것이기에 더욱 큰 문제다.

아이들에게 보낸 단상 5

인생은 누구에게 얼마나 순종했느냐로 그 한계가 정해진다. 누구도
불순종은 없다. 그 순간 너희는 누군가에게 순종하고 있다. 오늘도 순
종의 대상을 바르게 선택하는 지혜가 너희에게 임하길 기도한다.

아이들에게 보낸 단상 6

한계는 내 안에 있는 한계와 내 밖에 있는 한계가 있다. 보이는 한계
는 용기로 도전하고 열정으로 정복할 수 있지만, 보이지 않는 한계는
순종으로 즉각 행동하지 않으면 극복할 수 없다. 내 밖의 한계는 두려
움과 공포를 느낄 만큼 커 보일지라도 뛰어넘을 수 있으나, 내가 스스
로 만든 한계는 작고 하찮아 보여도 뼈를 깎는 아픔이 없이는 뿌리 뽑
기가 어렵다. 당장 눈에 보이지 않고 느껴지는 불편이 없다고 내버려
두면, 내 안의 한계는 삶 전체를 통째로 망칠 수 있다.

아이들에게 보낸 단상 7

기도는 진리 앞에 겸손하게 순종하는 길이다. 바르게 노력하도록 하
는 의지이며, 그 노력이 지치지 않도록 하는 힘이고, 그 노력의 결과를
인내하게 하는 은혜다. 종교적 신분이나 권력을 거룩하게 사용하기 위
해 고독을 택한 자는, 하나님 앞에 큰 자이니 마음으로부터 존경해야

한다. 친구를 사귀거나 거래를 할 때, 성실하고 바른 삶보다 종교적 신분을 앞세우는 자를 가까이해서는 안 된다. 악에 굴복하지 말고 선에 의지적으로 순종해라. 악을 막으려고 선한 일 하는 것을 망설이게 하는 것은 마귀의 궤계니, 주변이 악하다고 맡겨진 선을 의심하거나 중단해서는 안 될 것이다.

아이들에게 보낸 단상 8

홀로 백만장자가 되려는 욕심을 품지 말고 더불어 사는 백부장이 되려는 꿈을 꾸기 바란다. 그러기 위해 그에 합당한 순종과 노력과 검소한 생활이 몸에 배야 할 것이다. 혼자 주일을 거룩하게 지키는 것도 좋지만 너희를 통해 주일을 지키며 기쁨을 누리는 가정들을 품고 기도하는 것이 무엇보다 소중하다. 무엇이 된 후에 자기 영광만을 추구하는 자와는 마음을 나누지 말아야 할 것이다. 하나님 앞에 진실한 삶을 추구하며 세상의 부족함을 부끄러워하지 않는 자들에게 배워라. 상전에게는 순종으로 충성하고, 동료에게는 겸손하되 지혜롭고 후배에게는 따뜻하며, 생각과 삶에 모범이 되기를 바란다.

아이들에게 보낸 단상 9

어떤 경우에도 개인적인 감정을 공동체적인 분노로 확산시키려고 사람들을 선동해서는 안 된다. 그런 선동에 넘어가지 않는, 선악을 분별하는 지혜를 간구해라. 너희 삶의 과정을 잘 모르는 자의 과한 칭찬, 너희의 수고보다 큰 대가를 약속받는 일, 너희 능력 밖의 목표를 쉽게 이룰 수 있을 것처럼 다가오는 것은 유혹이고 함정이다. 하나님 말씀을 기준으로 삼고 너희가 깨닫지 못한 세계관과 통찰력을 지켜가려고 애쓰는 자에게 배워라. 자기와 다른 단체의 리더를, 폄훼하고 모함하는 말로 군중 심리를 자극하는 자는 절대 가까이 말고 그런 자의 말은 듣지도 말아라.

아이들에게 보낸 단상 10

공로를 세우려고 행하는 선은 지치기 쉬우나, 감사로 드리는 숨겨진 선은 그 샘이 마르지 않는다. 선한 일은 오른손이 하는 것을 왼손도 모르게 해야 한다. 잠자리에 들기 전에 주 앞에서 자신을 돌아보는 습관을 들여라. 악한 자는 벌을 받으면서도 돌이키려 하지 않지만, 정직한 자는 억울한 누명 속에서도 자기반성을 잊지 않는다. 진리와 정의의 기준을 지키려다 오해와 핍박을 받으면 불의한 자들은 멀어져 갈 것이고, 건강한 삶을 추구하는 자들과는 더욱 가까워질 것이다. 당장은 야합이 쉽고 그 무리의 힘이 강해 보여도 그들과 함께하지 말아라. 잠시라도 함께하면 네 삶의 발목을 잡는 문제는, 반드시 그 잠시 야합한 곳에서 발생한다는 것을 잊지 말아라.

아이들에게 보낸 단상 11

탐욕은 죄로 변질된 인간의 본능에 존재하는 악한 소망이다. 악한 소망은 나머지 시간과 나머지 에너지에 새 생명 대신 자기 영광을 품는다. 자기 영광은, 소명을 저버리고 누군가의 자리를 탐하여 빼앗고 지키려는 갈등의 연속이다. 탐욕에 취하면 소명의 기쁨보다 탐욕으로 인한 갈등을 즐기는 괴물로 변한다. 탐욕 때문에 교육자는 학생을 떠나고, 종교인은 거룩함을 버리며, 학자는 연구실에 나가지 않고, 의사는 환자를 볼모로 잡는다. 탐욕을 이겨내는 길은 내가 지금 하는 일을 하나님께서 내게 주신 하나님의 복으로 믿고, 세상의 영광과 비교하지 않으며, 잉여시간과 에너지의 생명을 늘려가는 것이다.

아이들에게 보낸 단상 12

탐욕을 가진 자라고 해서 드러나는 모습이 모두 악한 것은 아니다. 건강한 소망을 가진 자들보다 더 부지런하고 열정적이며, 집중력 있고 담대할 때가 있는데 이것은 순기능에 속한다. 복음은 이런 순기능을 성숙하게 이끌어 새 생명을 품는 힘으로 작용하게 하고, 나머지 시간과 나머지 에너지에 꿈틀거리던 자기 영광은 버리게 한다. 나태, 게으름, 무책임 등 소극적인 태도로 변질되는 모습을, 마치 탐욕을 버린 거룩한 자로 착각하는 것 역시 탐욕이 주는 유혹이다. 너희의 부지런함과 열정, 집중력과 인내, 강인함과 담대함 가운데 성장하는 기쁨을, 너희가 품고 있는 복음의 생명에서 찾고 누릴 수 있어야 한다.

아이들에게 보낸 단상 13

포지션을 향해 달리지 말고 생명을 품고 걸어가자. 신분의 권리보다 그 의무와 책임을 두려워하자. 삶의 누림을 꿈꾸기보다 어떻게 즐겁게 땀 흘릴까 고민하고, 어떻게 대접을 받을까 바라기보다 섬기고 사랑하는 삶을 자랑스러워하자. 얼마나 많이 공부했느냐보다는, 아는 것을 얼마나 활용했고 그 과정에서 무엇을 얻었는지를 기록해 유산으로 남기자. 그리고 남은 아쉬움은 내 순종 속에서 점검하자.

아이들에게 보낸 단상 14

1. 선한 행동이 그 대상의 마음까지도 회복하려면, 섬기는 자가 자기만족을 양보해야 한다. 2. 세상 정치는 '생물'일지 몰라도 기독교 정치는 오직 '진리'를 위해서만 그 존재 가치를 인정할 수 있다. 3. 손과 발을 더럽히지 않고 땀 흘리지 않으며 할 수 있는 일이 없듯, 거짓과 위선에 비판받지 않는 진리는 없다. 4. 세상에서 정의가 그 가치를 정당하게 인정받기란 쉽지 않다. 5. 깊게 생각하지 않으면 선보다 선의 옷을 입은 악이 훨씬 더 진리처럼 보일 수 있다.

아이들에게 보낸 단상 15

1. 은혜의 관계였던 사람과 갈등의 순간이 오더라도 받았던 은혜를 왜곡하려고 하지 말아라. 거짓증거로 은혜에 누명을 씌우는 것은 은혜를 은혜로 여기지 않았다는 뜻이다. 2. 은혜를 베풀었던 대상을 향해 거짓증거를 하지 않으면 그 오해는 쉽게 풀릴 수 있지만, 거짓증거는 다시 은혜와 만날 수 있는 다리를 스스로 폭파해 버리는 것과 같다. 우리는 은혜 없이 살 수 없는 존재다. 3. 모시는 분이나 윗사람에 대해 서운함이 일 때, 너희가 바라보는 관점이 어디인가를 생각해라. 그렇지 않으면 그 오해받는 자리에서 오해하는 자를 바라보는 기회를 얻을 수 없게 된다. 4. 너희가 자초한 위기를, 모시던 상사를 험담해 모면하려 들지 말아라. 같은 수준의 사람들이 잠시 너희 편에 서서 동정할지라도, 이는 너희를 확실하게 망하게 하는 함정이다. 오히려 너희를 꾸짖는 자를 스승으로 모셔라.

아이들에게 보낸 단상 16

1. 종은 주인이 바라보는 관점의 경계를 넘을 수 없다. 항상 창조주이시고 세상의 주인이시며 지혜의 근본이신 하나님의 뜻 안에서, 순종을 통해 세상을 바라보는 훈련을 해야 한다. 2. 대화의 진전을 위해서는 거슬리는 한 단어에 매이지 않아야 하지만, 협상하고 그 내용을 문서로 정리할 때는 한 단어가 전체 내용을 대변할 수 있다는 걸 기억해

야 한다. 3. 공(功)을 세운 후 겸손해야 하는 것은, 공(功)이 종결된 일이 아니고 다음 비전으로 이어주는 다리이기 때문이다. 너희의 성공이 누군가의 꿈을 이어주는 다리가 되어야 한다. 4. 문명의 이기는 젊을 때 낭만에 더 투자하라고 유혹한다. 그러나 젊음은 너희가 책임져야 할 역사를 위해 집중적으로 투자해야 하는 제한된 시간이다. 낭만이 너희의 의무를 대신 책임져주지 않는다.

아이들에게 보낸 단상 17

죄인이 죄를 인정하지 않는 것은 선한 사람을 죄인 되게 하려는 것이다. 현재 2부장이면 내가 부족해 10부장이 되지 못했다 하고, 100부장으로서 2부장을 잃었다면 내 역량이 부족했다고 하자. 순간의 감정을 다스리지 못해 선을 넘는 일이 없어야 하고, 선을 넘었으면 선 밖에 있는 자들의 이야기를 골라 들어야 한다. 그동안 너희의 삶에 무관했던 자의 말을 멀리하고, 너희 가까이에 있는 자들의 권면에 귀를 기울여라.

성장과 성숙을 방해하는 적은 너희 안에 있는 욕심이다. 욕심의 뿌리는 교만이다. 교만한 마음은 현재 하는 일과 환경 속에서 내 부족을 깨닫지 못하게 하며, 오히려 내 능력을 제한하는 감정이다. 그래서 배우고 깨닫는 대신 피해의식을 갖게 하고, 자신 안에서 돌파구를 찾지 않고 밖에서 찾게 하며, 그 핑계의 발화점을 찾아 밖으로 나서게 한다.

지금 하는 일에서 부족함을 깨닫고 보충해 가라. 그러면 내가 생각지 못했던 일과 내 계획을 뛰어넘는, 환경이 바뀌는 은혜를 만나게 된다. 세상에서의 지정역할 없이 온종일 교회만 지키는 자가 되려 하지 말아라. 영적인 지정역할을 소홀히 하라는 말이 아님을 잘 알 것이라 믿는다.

단상 1

1. 좌절은 드러내지 말아야 한다. 악한 자에게는 그것도 표적이 될 수 있다. 2. 인간관계에서 받기만 하고 정당한 의무와 책임을 도외시하면, 어느 순간 받았던 은혜까지도 오해하게 된다. 3. 하찮은 직업에도 이웃이 있고, 특별하고 어려운 삶에도 함께하려는 자가 있다. 4. 자존감을 상해가면서까지 빵을 받으려 하기보다, 영적 자존감을 위해 허리띠를 졸라맬 수 있어야 한다. 5. 수고하지 않은 터 위에서 열매를 거두고 은혜를 누리게 된 자는, 먼저 씨를 뿌린 자의 뜻을 깨닫고 그 뜻을 계승해 가야 한다.

단상 2

1. 하나님의 지혜는 인간의 가능성을 부정하고, 인간의 간교함은 인간의 가능성을 확대한다. 2. 내가 받은 축하가 누군가에게는 아픔이고 분노가 된다면 나는 악의 축하를 받는 것이다. 3. 복음은 그리스도

의 향기를 발하고, 인본주의는 선악과의 악취를 풍긴다. 4. 당연히 해야 할 일 앞에서 하지 않으려는 핑계를 찾지 말고, 어떻게든 성실하게 하고자 하는 이유를 찾아야 한다. 5. 미리 준비하지 않고 닥쳐서야 하는 것은 능력이 아니라 교만이다. 교만은 게으름의 원인이다. 6. 진짜는 현장에 있다. 비전과 사명을 모르겠거든 교실로 가지 말고 생명이 땀 흘려 일하는 현장을 찾아가라. 7. 의미 없이 죽어야 할 인생을 값지고 의미 있게 살도록 하는 것이 선교다.

단상 3

1. 당연히 지켜야 할 자리를 지키고 당연히 해야 할 일을 하는 것은 자랑이 아니다. 2. 공의로운 시민의식은 리더의 불의한 사심을 통제할 수 있다. 3. 시기와 질투는 권위를 향한 경쟁에서 시작되지만, 시기와 질투로 인해 그 권위가 상실돼 버린다. 4. 계획된 동정은 베푸는 자와 받는 자 모두에게, 시원함이나 편안함 대신 불편한 유혹을 가져온다. 5. 시기와 질투로 발생한 문제를 해결하기가 어려운 것은, 사랑이라는 이름의 가면을 쓰고 있기 때문이다. 6. 선교현장에서 같은 교단이면서도 중복으로 투자된 사역이 많다는 것은 가려진 진실이 많다는 것이다. 7. 제자가 스승과 같아지려면, 스승의 지식뿐 아니라 그의 철학과 사랑을 배워야 한다.

단상 4

1. 사랑을 받는 삶에는 여유가 있고 사랑을 베푸는 삶에는 지혜가 있다. 2. 똑똑하다고 지혜로운 것은 아니다. 지혜는 결과에 주목하기보다 그 과정을 진실하게 한다. 3. 능력은 내 뜻을 이루려 애쓰기보다, 그의 뜻이 이루어지도록 순종하는 것이다. 4. 누군가의 꿈을 이루도록 하는 최고의 방법은 순종하고 믿는 것이다. 5. 문명의 이기로 발생한 병은 그 해결책을 쉽게 찾을 수 없을 때에서야 느끼고 깨닫게 된다. 6. 진정한 기념일은 지정석을 지키며 앞으로 나아갈 때 만나는 날이지 되돌아가서 만나는 날이 아니다. 7. 공동체는 성공한 삶을 보여주는 곳이 아니다. 내 약함을 의지하고 섬김을 통해 잠재능력을 개발해 가는 곳이다.

단상 5

1. 바리새인처럼 믿어야 그 믿음을 크게 보는 교회가 있고, 자기 변화에 초점을 맞추어 서로 의지하고 격려하며 노력하는 교회가 있다. 2. 옳고 그름보다 자기 방법을 따르지 않는 것을 문제 삼는 것은, 옳은 길의 방향을 훼손하려는 것이다. 3. 문제의 원인을 제공하고도 결과를 문제 삼는 것은, 참과 거짓을 뒤집으려는 것이다. 4. 참 성공은 자기가 성공한 원인과 배경이 가정이라는 것을 아는 것이고 그 성공을 세상의 다른 가정을 지키는 데도 사용하겠다는 사람이다. 5. 꿈은 보이는

모습으로 성취된다. 꿈으로 인한 갈등은 보이지 않는 세계를 이해하지 못하는 데서 생긴다. 6. 영적이든 세속적이든 어느 위치라는 완장을 차게 되면, 그것이 크든 작든 그 위치 안에서만 듣고 판단하는 오만에 빠질 수 있다. 7. 악한 동맹은 자기 지분과 보상을 바라지만, 거룩한 연합은 자신을 녹여서 하나를 만든다.

단상 6

1. 꿈은 생명을 품는 것이어서, 내가 품은 생명에 따라 그를 책임질 수 있는 위치와 물질을 위임받게 된다. 2. 돈을 따라가면 물질의 블랙홀에 빠져 생명을 보지 못하나, 생명을 위해 물질의 통로가 되면 물질을 퍼 올리는 샘이 된다. 3. 악에 의해 내 몸의 한 지체가 떨어져 나가는 것을 보며 즐거워하는 자는 영적 양아치다. 4. 진리와 정의를 말할 때 편안할 수 있다면 훌륭한 삶을 산 것이다. 5. 불의를 지적했다고 돈과 권력으로 진리와 정의를 보복하려는 것은, 스스로 바르지 않음을 인정하는 것이다.

단상 7

1. 선한 일은 양이든 질이든 비교하거나 경쟁하지 않아야 그 열매가 선하다. 2. 문명은 업그레이드된 것이 더 실용적이고 편리하지만, 자연

만큼 처음 난 것이 유익하고 아름다운 것이 없다. 3. 물질은 생명 속에서 화학적 변화로 나타나는 것만 가치로 인정받을 수 있다. 4. 단기선교는 온유와 겸손을 실천하고 인내를 배우는 시간이다. 5. 어리석은 자는 쉬운 순종을 두고도 어려운 자기 선택을 한다. 6. 부패한 권력은 줄을 하나로 세우지만 공의로운 권력은 다양한 줄을 세운다.

단상 8

1. 진실한 도움을 받지 못하는 것은 도움이 필요한 상황까지 오게 된 과정을 진실하게 말하지 않아서이다. 2. 탕자는 쥐엄 열매를 먹으면서도 아버지 품을 그리워하는 힘으로 부끄러움을 이기고 다시 집으로 돌아오지만, 가족이 아닌 자는 기어이 딴 살림을 차린다. 3. 선을 팔아 악한 삶을 사는 자가 있고, 불의한 이익을 버리고 고독한 선을 택한 자가 있다. 4. 악 앞에서는 미소를 짓다가 돌아서면 뒷말을 하고, 선이 보는 앞에서만 분노하는 것은 자신의 어리석음을 스스로 증명하는 것이다. 5. 공의는 리더보다 모두를 위한 것이다. 예수님 당시에도 공의는 악한 리더와 생각하지 않은 무지한 군중에 의해 무너졌다. 6. 게으름을 약함으로 미화시키고 불의를 능력으로 칭찬하는 교회 안의 집단 이기주의를, 은혜와 사랑이라는 이름으로 용납해서는 안 된다.

단상 9

1. 교육적인 환경은 풍요로운 곳보다는 부지런한 환경이어야 하고, 문명보다는 자연적이어야 하며, 독방보다는 온 가족이 함께 사는 가정이어야 한다. 2. 무능해도 한 자리를 차지할 수는 있다. 그러나 그 자리에 앉아 있다고 해서 그가 그 자리의 책임과 의무를 다하고 있는 것은 아니다. 3. 진실하지 않은 자의 특징은 불순종, 자기 자랑, 진실과 거짓 사이에서 모호함, 집단행동, 화려함, 권모술수 등을 보인다는 점이다. 4. 위기는 사실보다 사실이 아닌 것을 오해해서 오는 경우가 더 많다. 지혜로운 자는 감정적 판단을 절제하고 침착하게 사실을 확인해 가는 자이다. 5. 죄인의 동맹은 결코 의를 향하지 않는다. 오직 죄를 향할 뿐이다. 죄인이 동맹했다고 화합하는 것도 아니다. 의인을 죽이려 할 때만 잠시 하나가 될 뿐이다.

단상 10

1. 기독교인의 모든 질문과 답에는 항상 한 가지 목적이 있어야 한다. 예수를 더 알기 원하는 질문이어야 하고, 예수가 중심이 된 답변이어야 한다. 2. 원수는 사랑을 받은 자이다. 사랑을 받지 않았던 자는 원수가 될 수 없다. 그래서 원수는 사랑을 회복해야 할 대상이지 적대시할 대상이 아니다. 3. 리더는 선한 곳에만 뿌리를 내리고 있지 않다. 악한 곳에도 뿌리가 내려져 있다. 리더가 악한 뿌리에 의존하지 않도

록 하는 게 건강한 자들의 책임이다. 4. 누구나 다 지도자가 되고 싶어 한다. 지도자는 주어진 일을 항상 되는 방향으로 생각하고, 또 건강한 방법을 찾아 추진해 가는 자이다. 5. 공의의 개념이 희박한 사람에게 공적인 일을 맡기는 것은 고양이에게 생선을 맡기는 격이다.

단상 11

1. 벽을 만나면 시기, 질투, 원망을 먼저 하는 자가 있고, 자기를 먼저 추스르는 자가 있다. 2. 악의 강한 모습은 뻔뻔하다는 데 있고, 선의 교만한 모습은 뻔뻔하지 못하다는 데 있다. 3. 남자의 마음은 붙잡는 게 아니다. 머무르게 해야 한다. 4. 건강을 잃고 나서 먹는 보약보다, 일상에서 때에 맞게 골고루 먹는 세 끼가 특약이다. 5. 사망자의 흔적에는 철학이 있고, 그가 지나온 길에는 미소 짓는 생명만 남는다. 6. 감동은 진실에서 온다. 위선으로 위선을 자극하는 것은 동정이다. 7. 낮은 곳에서의 목표는 올라가는 것이지만, 높은 곳에 올라가면 낮은 곳에 있는 자리도 관리해야 한다.

단상 12

1. 구제는 물론 선교도 내 삶의 환경과 욕망을 기준으로 상대의 필요를 예측한다. 2. 그럴지라도 무명의 사랑이 모이고 그걸 전달해 주려는

자가 나타난다. 3. 사랑은 상대를 향한 희망을 품게 해도 욕망은 상대에 대한 배려를 모른다. 4. 세상의 힘은 사랑을 행하는 것보다 사랑을 욕망으로 조직화하는 곳으로 모인다. 5. 욕망이 사랑의 이름으로 조직화 되면, 무명의 사랑을 어리석음으로 규정해 자기 조직에 속하도록 유혹한다. 6. 복음과 거리가 먼 선교는 언젠가 스스로 걸려 넘어지게 하는 욕망의 덫이 될 수 있다. 7. 크고 많음이 정의의 기준이 아니다. 빛은 강함에서 나오고 강함은 변질되지 않는 진리다.

단상 13

1. 다윗에게는 그가 위기에 처했을 때 도움을 청하면, 이유를 묻지 않고 들어 줄 만큼 그를 믿고 신뢰하는 사람들이 있었다. 다윗의 삶이 그만큼 신실했다는 것이다. 2. 환난을 당한 모든 자, 빚진 모든 자, 마음이 원통한 자가 다 다윗에게로 모였다. 도망자 다윗의 주변에 모여든 자들은, 다윗이 돌보아주지 않으면 생명을 부지하기 어려운 자들이었다. 3. 다윗의 홀로서기는 빵 5덩어리와 칼 한 자루를 가지고, 당장 그의 가족과 그를 따르는 4백 명의 생명을 책임지는 것으로 시작된다. 4. 다윗이 자기 한목숨 지키기 위해서는 도망치면 되었지만, 4백 명의 생명을 책임지기 위해서는 숨었던 동굴에서 나와 그를 노리는 자가 지배하고 있는 곳으로 가야 했다. 5. 이렇게 다윗은 백성의 생명을 책임지는 왕의 삶을 시작한다.

단상 14

1. 시간과 질서를 지킬 필요가 없는 일은 건강한 일이 아니다. 2. 내가 내 게으름과 욕망을 스스로 통제하지 않으면 외부의 힘이 나를 부끄럽게 다스려 간다. 3. 진리는 깊어져야 거짓과 구분된다. 4. 오늘의 결과를 한 개인의 능력이나 실수로만 말하는 사회는 이미 그 수명을 다한 것이다. 5. 신실한 과정이 성숙한 미래로 성장시켜 간다. 6. 의의 사명은 불의와 더러움 속에서 견뎌내는 것이다. 7. 불의와의 갈등을 피하려는 자는 지도자가 될 수 없다. 8. 어리석은 자는 곁 사람의 욕구에 너무 많은 시간과 물질을 낭비한다. 9. 괴물은 외계인이 아니다. 욕망의 통제 능력이 상실된, 내 안에 있는 인격의 변형이다. 10. 자연을 정복하며 살면 창조적 행복이 있고, 문명의 이기를 따라 살면 끝없는 목마름이 있다.

chapter 2.

가정은 시작이고 전부이다

가정 1

가정은 예수 그리스도를 머리로 삼고 살아가는 천국의 모형으로, 이 땅에 세워진 하나님의 가장 좋은 창조물이다. 가정은 홀로 지내는 남자를 좋지 않다고 보신 하나님께서, 그를 돕는 배필을 만들어 주신 결혼으로 시작됐다. 아내는 주께 하듯 남편에게 복종하고, 남편은 아내를 그리스도께서 교회를 사랑하심같이 사랑하라고 하셨다. 사탄이 가정 파괴를 제 일의 목표로 삼고 하와를 공격했던 것은, 가정이 타락하면 모든 사회를 타락하게 할 수 있기 때문이다. 예수를 믿고 성령으로 충만한 증거는 가정을 지키는 데 있다.

가정 2

자녀는 하나님께서 부부를 통해 부부에게 잠시 맡기신 하나님의 생명으로, 모든 복의 출발이다. 하나님은 그 생명으로 땅에 충만하고 땅을 정복하고, 모든 생물을 다스리라고 하셨다. 이런 하나님의 뜻을 위해 자녀는 부모의 말씀을 주의 깊게 듣고 따르는 순종을 해야 한다. 또 부모를 공경한다는 것은 그의 사상의 지배를 받는 것이고, 그것이 옳다고 했다. 이것이 하나님 나라의 영생 법칙이어서, 이 땅에 세워진 가정에서 부모를 공경하고 순종하면 하나님을 공경하고 순종하며 사는 천국의 맛을 볼 수 있다. 부모는 자녀를 노엽게 하지 않아야 한다. 자녀를 노엽게 하지 않으려면, 이 아이의 진짜 부모인 하나님의 말씀으로 양육하고 징계하되 사랑과 절제로 해야 한다.

가정 3

진정한 행복은 생명이 있는 원시적 가정에서 찾아야 한다. 탐심이 지배하는 문명의 이기에서 찾는 것은 허상이다. 문명은 돈과 명예를 좇으나, 가정은 생명을 잉태하고 낳아 기르며, 보호하고 생명을 기다리는 곳이기 때문이다. 문명은 유명한 최신형을 많이 소유하는 것을 행복이라고 하지만, 가정은 오래돼 낡고 보잘것없어도 생명의 때가 묻는 것을 행복이라고 한다. 세상은 법과 질서 안에서 상처를 주고받으며 이기는 것을 행복이라고 하지만, 가정은 서로의 상처를 싸매주고 양보하고 용서하는 것을 행복이라고 한다. 우리가 세상을 성실하게 살아야 하는 이유는, 내게 맡겨둔 생명이 있는 가정을 지키고 가정으로 돌아가기 위해서이다.

결혼 1

삶에는 때가 되면 꼭 해야 할 일이 있다. 이 일은 경험해 보고 할지 말지를 결정하는 게 아니다. 먼저 순종한 후에 과정을 통해 그 의미와 목적을 깨달아가는 것이다. 학교생활이 그랬다. 유치원부터 대학교까지 때가 되니 부모님께 순종해서 학교에 갔던 것이지, 경험해 보고 내가 결정한 것이 아니다. 결혼이란 것도 그렇다. 때가 되면 순종한 후에 그 오묘한 사랑을 맛보며 살아가는 것이지, 충분히 경험해 보고 준비되어야 하는 게 아니다. 때가 되면 필연적으로 해야 할 것을 '비 필연'이라고 말하는 것은 유혹이다. 유혹은 창조적인 영원한 행복을, 찰나의 쾌락으로 대치하려는 어리석음이다.

결혼 2

교회 안에는 예수를 잘 믿으려다 본의 아닌 어리석음에 빠진 젊은이들이 많다. 내 마음이 편안해야 하나님의 응답이라며, 의미 없는 기다림으로 결혼이라는 순종의 길을 미루는 자들도 그들 중 하나이다. 자기 십자가를 지고 주를 따르겠다는 기도의 응답은 때로 두려움이 사라진 편안함으로 오기도 하지만, 그 외에 주시는 하나님의 응답은 대부분 불편함으로 다가오지 않던가. 하나님의 뜻은 내가 주인이 되고자 하는 죄인의 뜻을 꺾고, 하나님의 영광이라는 거룩한 주의 뜻에 순종하도록 이끌기 때문이다. 결혼이란 뼈 중의 뼈를 만나고 살 중의 살을 만나는 창조의 섭리로, 우리를 누군가와 함께 박자를 맞추며 살아가는 순종의 사람으로 성숙하게 한다.

결혼 3

순종에는 때가 있고 부모는 그 순종의 때를 자녀들에게 알려주는 순종 알람이다. 그래서 부모에게 순종하라고 하셨다. 어리석은 자는 스스로 삶의 알람을 설정할 수 있다고 생각하나, 지혜로운 자는 때를 따라 내게 순종의 시간을 알려주는 부모의 알람을 경청한다. 자녀에 대한 부모의 중요한 의무와 책임 하나를 꼽으라면, 부모를 떠나 둘이 하나 되는 결혼의 때를 일깨워주는 알람을 울리는 것이다. 이런 부모에게 순종해 자신의 고집을 접을 줄 아는 마음이, 주안에서 부모를 공경하는 자녀의 효도 중 하나이다.

결혼 4

데이트에는 소비성 데이트가 있고 저축형 데이트가 있다. 그저 상대에 대한 호기심이나 주체할 수 없는 젊음을 절제하지 못해 만나는 것은 소비형 데이트이다. 그러나 나보다 나를 더 사랑하는 부모님이나 지인의 소개로 만나는 것은 하나도 낭비되지 않는 저축형 데이트라 할 수 있다. 저축형 데이트는 가슴 설레는 즐거움뿐 아니라, 만남의 과정 사이에 있는 갈등까지도 미래를 위한 적금이 된다. 불확실한 세상에서 확실한 삶의 동반자와 함께 세상을 헤쳐 나갈 수 있는 하나님의 은혜를 누리기 바란다.

결혼 5

인생은 가정에서 출발해 가정에서 자라고, 가정을 위해 일하다 가정을 남기고, 하늘나라 가족의 품으로 돌아가는 것이다. 가정에는 삶의 때를 따라 울리는 순종 알람이 있는데, 그 알람을 따라 순종하는 것이 하늘나라 영적 대가족과 소통하는 예배다. 가정은 순종을 보고 배우고 가르치는 순종학교다. 모든 피조물의 첫 번째 순종의 대상은 하나님이고, 그의 의와 진리의 질서를 따르는 것이 공의다. 결혼은 한 가정의 순종체계에서 자란 남녀가 창조질서 속에서 만나, 다시 순종으로 시작하고 완성해 가는 또 하나의 순종학교를 세우는 일이다.

결혼 6

결혼은 나 혼자만의 행복을 추구하던 이기적인 존재가, 하나님의 뜻에 순종해 생명을 맡아 기르고 양육해 가며, 의무와 책임 속에 자기부정을 이루어가는 과정이다. 결혼은 분명한 하나님의 뜻이지만 완전한 인격체들의 만남은 아니다. 불완전한 인격체들이 완전을 향해 출발하는 지점이다. 생명을 사이에 두고 내 장점으로 그의 단점을 감싸주고, 그의 장점 속에 내 단점을 맡겨, 나를 다듬어가며 생명의 찬가를 부르는 일이다. 그래서 모든 것을 완벽하게 준비해 놓은 후에 결혼하겠다는 것은 불가능하다. 꿈꾸는 행복한 삶은 가정에 있고, 그런 가정은 두 사람의 땀으로 가꾸어 가야 한다.

결혼 7

쉬운 인생과 편안한 행복은 없다. 행복은 지불한 값만큼 짜릿하고
깊은 여운이 있다. 누군가가 마련해 준 터 위에서 안정을 누리려 말고,
스스로 노력하고 땀 흘려야 하는 불편함 속에서 행복을 찾아야 한다.
이 둘 사이에 삶의 차이가 있다면 순종의 차이뿐이다. 결혼은 하나님의
뜻이기에 부모님의 소망이고, 순종하던 자가 순종의 대상이 되는 유일
한 길이다. 순종하던 자에서 누군가가 순종할 대상이 돼 꿈을 점검해
봐야 한다. 이왕 해야 할 사랑이라면 이기적인 소비성 사랑보다, 자신
의 모난 부분을 발견하고 서로 다듬어가는 예쁜 사랑을 하자.

청년과 결혼

한 사람이 세상에 태어난 가장 큰 이유 중 하나는 생명을 남기기 위
해서이다. 처음에는 사춘기만 지나면 쉽게 결혼하곤 하는 소수민족들
의 문화가 낯설었는데, 이제 결혼하지 않는 한국 젊은이들을 보는 것이
낯설다. 결혼을 피하는 많은 이유가 돈이 없어서라고 하는데, 돈은 생
명을 품을 때 비로소 의미가 있다. 문명을 좇기 위한 목적이 아닌, 생명
과 연합의 의미이다. 우리 청년들에게 바라기는, 어떻게 이 어려운 세상
을 살아갈 것인가 하는 염려에 매몰되지 말고, 두 사람이 함께하는 가
정에서 물질 너머의 생명을 중요한 가치로 세워갔으면 한다.

자녀들이 간직하면 좋을 여성관·남성관 십계명

1. 믿음의 가문과 믿음의 전통을 존중하고 자랑스러워하는 사람

2. 한 가지 일을 꾸준히 해온 부모님을 존경하고 자랑스러워하는 사람

3. 남의 이야기를 들을 때는 잔잔한 미소로 반응하다가도, 자기의 생각을 말할 때는 분명하고 정확한 논리로 집중력 있게 이야기할 수 있는 사람

4. 악기 한 가지를 연주할 줄 아는 사람

5. 확실하고 분명한 자신의 꿈이 있음에도 네가 꾸는 꿈이 가진 매력에, 우선순위를 조정하여 너를 선택할 수 있는 사람

6. 여러 사람 속에서는 말을 절제하지만, 너와 둘만 있을 땐 수다쟁이가 될 수 있는 사람

7. 강하지만 네게만은 부끄러워하고 내숭을 떠는 사람

8. 독서와 글쓰기, 음악 감상 등 습관화된 좋은 취미가 있어서 혼자 있는 시간을 건강하게 관리할 수 있는 사람

9. 자신의 외모에 대해 약한 부분을 인정할 줄 알며, 그것에 지배받지 않고 마음을 가꿀 줄 아는 사람

10. 부모·형제·자매들과 사이가 좋은 사람

감사 1

감사하다는 말은 다양한 의미를 담고 있다. 먼저 누군가 육체적 정신적으로 베풀어주고 수고해 주어서 내가 편안하고 편리하게 받아 누릴 수 있음에 대해 드리는 감사가 있다. 또 내 허물이나 실수에 대해 너그럽게 용서받고 다시 만회할 기회를 얻게 된 것을 고마워하는 감사가 있다. 반면 어떤 형태로든 도움을 받았는데 그 받은 도움이 기대에 미치지 못해 서운할 때, 그 마음을 들키지 않으려고 서둘러 인사하는 감사도 있다. 이 세 종류의 감사는 모두 어떤 하나의 상황이 끝났다는 의미가 있다. 하지만 그동안 몰랐던 것을 깨달았을 때 감사한다는 것은, 이제는 그 깨달은 바대로 살겠다는 다짐과 새로운 시작의 의미가 있다. 감사가 상황 종결이 아닌 새로운 시작으로 이어지는 감사가 되길 바란다.

감사 2

감사는 배우고 훈련해 체질화시키고 문화가 돼야 하는 성숙한 인격의 한 덕목이다. 그래서 모든 감사는 내가 아닌 상대방이 중심이 되도록 표현해야 한다. 감사는 마음에서 우러나와 행동이 함께 따라야 완성된다. 받은 감사를 은혜로 베풀며 살겠다는 나와의 약속이 이루어질 때, 감사는 새 희망이 될 수 있다.

감사를 가르쳐라

감사를 가르쳐야 할 사람이 있다. 자신에게 바른 가르침과 교훈을 주었는데, 그것을 받아들일 만큼 성숙하지 못해서 그 상대와 멀어진 상태에 있는 사람이다. 죄는 감사를 지우고 기억하지 못하도록 한다. 어린아이 같다는 말은 보통 순수하다는 의미로 쓰이기도 하지만, 감사를 깨닫지 못할 정도로 미성숙한 자들을 향해 쓰는 말이기도 하다. 감사를 가르치는 것은 리더와 어른 된 자의 불편한 책임 중 하나이다. 자신의 감사하는 삶 또한 살피지 않을 수 없기 때문이다. 이런 감사의 가르침과 회복을 통해 진실한 역사가 쌓여가고, 건강하고 성숙한 사회가 세워져 간다.

감사의 꼭짓점

감사한다는 것은 지금 내 삶의 모든 근원을 긍정적으로 이해하고 받아들인다는 의미이다. 모든 감사에는 뿌리가 있다. 오늘 내가 있기까지 수많은 관계가 있었고 그 속에서 나는 다듬어져 왔다. 내가 누군가로부터 칭찬받을 때, 그 이유를 내 수고가 아닌 지나온 관계 속에서 찾고 그의 은혜를 기억해 내는 것이 궁극적인 감사이다. 그렇게 찾아 올라가다 보면 모든 사람이 같이 만나는 하나의 꼭짓점이 있다. 우리 주 예수 그리스도를 통한 십자가의 사랑이다. 감사의 뿌리를 더듬어 가는 중에 예수 그리스도의 십자가 앞에 거꾸러지는 은혜를 누리고, 우리 모두 감사의 꼭짓점에서 기쁨으로 만나자.

감사하라

감사는 대중 앞에서 공개적으로 해야 할 감사가 있고, 개인적으로 드려야 할 감사가 있다. 개인적으로 해야 할 감사를 대중 앞에서 하고 대중 앞에서 해야 할 감사를 개인적으로 하는 것은, 의도한 목적을 가진 사람의 처세이지 진정한 감사가 아니다. 또 내부 사람들을 대상으로 해야 할 감사가 있고, 군중 앞에서 감사하며 소개해야 할 사람이 있다. 너희를 칭찬하는 외부의 대중에게 너희가 받은 영광의 배경이 돼주신 분들을 소개하며 감사하는 것이, 진정한 겸손이고 참 감사를 아는 자의 모습이다. 아울러 감사를 깨닫지 못한 사람들에게는 그들이 진심으로 감사를 깨닫도록 너희의 감사가 진실해야 한다. 이런 감사를 모르는 자들에게는 너무 큰 기대를 하지 말아라.

감사하고 인정하라

약함 때문에 기죽지 말고 오히려 그 약함을 당당하게 인정해라. 너희의 약함을 보충해 주려는 자에게 감사하며 그의 충고를 겸손하게 받아들여라. 그를 의지해 너희의 약함을 발견해가며, 스스로 극복하고자 하는 의지로 노력을 기울여라. 삶의 성실은 내가 무엇이 되기 위함보다, 자신의 약하고 부족한 것을 보충하기 위해 우선해야 할 삶의 자세다. 약함을 보충해 가는 것은 성숙한 삶을 향한 성찰의 과정이며, 그런 사람은 부끄러움이 감추어진 성공을 부러워하거나 바라지 않는다. 성실한 노력의 결과가 너희의 기대에 미치지 못할지라도, 나쁜 습관이 너희를 지배했던 긴 세월을 되돌아보며 강하고 담대하게 다시 시작해라.

숨겨진 감사를 찾아라

하나님의 사람은 풍성함이나 성공, 성취에서보다 오히려 부족함이나 실패, 역경, 비웃음과 조롱 속에서 더 진한 감사를 발견하는 자이다. 삶을 변화시키는 감사는 세상에서 성공의 성패가 아닌 진리의 말씀을 듣고 따르는 순종의 과정에 숨겨져 있고, 하나님께서 갚아주시는 감사는 오른손이 하는 것을 왼손이 모르게 하는 섬김 속에 숨겨져 있으며, 구원에 이르는 감사는 회개와 용서 속에 숨겨져 있다. 하나님께 드리는 감사는 순종의 열매인 위로와 평안함이고, 섬김이라는 가지에 맺힌 은혜이며, 회개와 용서 속에 흐르는 사랑이다.

열정

순종이 순종 되게 하는 일에 열정이 더해진다면 더 말할 것 없이 좋다. 하지만 열정이 자아도취적 감정과 흥미에 사로잡히면 순종의 대상과 뜻은 뒷전으로 밀려나고, 자기만족과 영광을 추구하는 욕망으로 변질되는 경우가 많다. 이러한 열정의 특징은 질서를 지키지 않는 것을 자기의 능력으로 착각한다는 점이다. 질서는 누군가에 의해 시작된 선한 일이, 계속 성장하고 성숙하도록 지키고 보호하기 위해 세운 규범이다. 내 순종은 그 규범 안에 있어야 한다. 오늘은 잠시 내 열정의 가속 페달에서 발을 떼고, 내가 거룩하고 선한 질서 안에 순종하고 있는지, 아니면 규범 밖에서 열정을 쏟고 있는지를 한 번 점검해 보면 좋겠다.

지정시간, 지정역할

어디에 가든지 공동체 예배의 지정석과 지정시간을 확보하도록 하고, 스스로 지정역할을 만들어 능동적으로 순종하는 자가 돼라. 그리하면 너희를 구원한 여호와 하나님께서 너희의 범사에 함께하셔서 너희로 형통케 하는 자가 되게 하신다.

하나님을 믿는 사람, 하나님의 일을 하는 사람이라고 말하면서 공동체 예배의 지정석과 지정시간도 확보하지 못하고 나팔 불며 살아가는 사람이 많으면, 경건의 모양마저 삐뚤어진 혼란스러운 사회가 될 수 있다.

지금 한 교실에서 같이 공부하고 있을지라도, 평소 4시간 이상 공부한 사람이 노력한 결과와 평소 1시간 겨우 공부했던 사람의 결과는 절대 같을 수 없고 같아서도 안 된다. 그럴지라도 실망하거나 포기하지 않고 꾸준하게 좋은 습관을 유지해 가다 보면, 어느 순간 역전의 지점을 만나게 된다.

이런 삶의 법칙은 너희가 이 세상을 살아가는 동안 언제 어디서나 항상 반복되는 일이다. 우리 함께 그리고 멀리 바라보자. 그러나 오늘은 후회가 남지 않을 만큼 최선을 다하자. 이것이 전능하신 여호와 하나님을 아버지로 모시고 사는 자녀들의 자세다.

사랑 1

가정과 이웃, 사회가 갈등하는 것은 서로 기대하는 것을 사랑으로 오해했기 때문이다. 사랑이란 상대를 향한 내 기대를 버리는 것이다. 기대 속에는 욕망이 숨어있다. 사랑은 내가 세상에 태어나 살아가는 삶의 의무이고 책임이며 사명이지, 꿈이라는 이름으로 욕망을 품고 기대하며 투자하는 사업이 아니다. 사랑했다지만 평안함이 없었던 것은 사랑이란 이름으로 기대했기 때문이다. 죄인의 기대는 한계가 없어서, 채워지지 않는 갈등이 있을 뿐이다. 오늘은 평안함이 없었던 관계 속에 도사리고 있는 기대들을 찾아 정리하고, 당연한 책임과 의무, 사명으로 복원해보자.

사랑 2

하나님의 사랑은 인간의 순종이나 착한 행실에 대한 보상으로 주어지지 않는다. 죄인은 하나님의 사랑을 바르게 이해할 수 없고, 온전한 순종을 할 수도 없는 존재이다. 그런 죄인을 향해 선포된 십자가의 사랑에는, 불변하는 그의 본질적 신실하심과 인간이 자신의 죄를 깨닫기 바라시는 하나님의 소원이 담겨있다.

사랑과 질투

시기와 질투를 하는 이유에는 사랑을 받기 위한 목적이 있고, 누군가를 해하려는 의도를 숨긴 채 칭찬처럼 하는 시기와 질투도 있다. 사랑을 받으려는 시기와 질투는 사랑을 빼앗기기 싫다는 표현이지만, 칭찬을 앞세운 시기와 질투에는 선을 파괴하고 악을 합리화하려는 의도가 있다. 사랑을 받기 위한 시기와 질투는 순간의 감정을 절제하지 못했다가도 금방 미안한 마음을 표현한다. 하지만 누군가를 해하려는 시기와 질투에는 달콤한 칭찬을 앞세운 화려한 말 속에 비수가 깔려있다. 사랑을 위한 시기와 질투를 하는 자에게는 위로와 공감이 필요하나, 누군가를 해하려고 독을 품은 질투에는 아예 반응하지 말아야 한다. 오래 참는 것이 꼭 사랑은 아니다.

사랑에 대한 오해

사랑에 대한 가장 보편적인 오해는, 사랑을 크기와 분량으로 이해한다는 것이다. 남보다 더 크고 많으면 자랑하고 작으면 부끄러워하면서, 사랑은 어느새 특권화되고 세상 성공의 상징처럼 되었다. 또 사랑이 성숙한 일상이 되지 못하고, 죄성의 비위를 맞추는 한탕주의가 되면서 점점 사랑에 인색한 사회가 돼가고 있다. 사랑이 절실한 현장 앞에서, 지금 말고 다음에 한 번 크게 하겠다는 것은 참사랑이 아니다. 사랑은 오늘 내가 사용하고 남은 미래를 나누거나 내 성공을 알리는 떡접시가 아니다. 현재 내 필요를 절약해 십시일반에 참여하고, 마음에 그 흔적이 남지 않게 행하는 것이 사랑이다.

사랑의 빚

'남을 사랑하는 자는 율법을 다 이루는 것이니, 피차 사랑의 빚 외에는 아무 빚도 지지 말라'라고 하셨다. 사랑의 빚은 돈의 가치로 계산할 수 없어서 받은 만큼 절대 다 갚을 수 없는 빚이다. 그래서 사랑의 빚은 사랑을 주신 이에게도 갚아야 하지만, 또 다른 사람을 사랑의 빚쟁이로 만들어야 한다. 그래서 사랑의 빚은 생명을 품고 사는 길밖에는 갚을 길이 없고, 빚을 진 즉시 갚기 시작해 죽기까지 한시도 갚는 것을 멈춰서는 안 되는 빚이다. 아름다운 삶은 생명을 품는 사랑의 빚을 갚아가며 사는 인생이란 걸 잊지 말아라.

사랑의 소식이 그리울 때

살아보니 편안한 사랑이라야 함께 그리고 멀리 갈 수 있다는 걸 깨달았다. 그리고 그런 아름다운 사랑은 멀리 있는 게 아니라 가까이에 있었다. 사랑싸움이 아름다운 것은 생명이 잉태하는 소리이고, 한 가정이 세워져 가는 모습이기 때문이다. 너희도 만나면 티격태격하다가도 돌아서면 또 보고 싶어지는 사람을 만나길 기도해 본다. 모든 삶의 갈피에서 순간순간 되살아나는 사랑의 추억을 만들기 바란다.

사랑의 온도

마음의 상처는 미움이 아닌 사랑으로 인해 생긴다. 그래서 아름다운 사랑을 위해서는 사랑의 적정 온도가 필요하고, 사랑의 적정 온도에는 거리 유지가 중요하다. 사랑하는 사람 사이의 거리가 적정 거리보다 멀어지면 사랑의 온도가 떨어져 서걱거리며 차가워지고, 반대로 너무 가까워 온도가 올라가면 데이든지 무례히 행할 수 있다. 사랑의 적정 온도 유지는 어느 한쪽의 노력만으로는 불가능하다. 두 사랑의 대상이 함께 노력해 갈 때만 가능하다. 죽고 사는 문제가 아니면 사랑의 온도를 떨어뜨리는 습관이나 행동은 삼가고, 아무리 사랑스러워도 질서의 경계는 넘지 않아야 아름다운 사랑의 열매를 기대할 수 있다.

사랑의 완성

사랑은 사랑을 받는 자가 사랑을 베푸는 자의 입장과 목적을 바르게 이해하고, 그도 그 사랑을 본받을 때 비로소 완성될 수 있다. 그래서 사랑하는 자의 책임은, 사랑을 받는 자가 그 사랑을 바르게 이해하고 깨달아 실천할 때까지 참고 인내하는 것이다. 하나님은 사랑을 받기만 하는 자 보다는, 사랑을 베풀 줄 아는 자의 편에 서서 그의 사랑을 나타내기를 기뻐하신다. 우리가 그 큰 하나님의 사랑을 풍성하게 누리지 못하는 것은 사랑을 받는 것에 익숙하고 나눔이 부족해서이다. 내 사랑을 받는 자가 내 사랑을 오해하는 이유도, 내 삶에 받기만 한채 흘려보내지 않고 쌓아둔 사랑이 너무 많기 때문이다.

순종 1

순종은 무엇을 한다는 행위에 앞서 그 일에 대한 내 생각을 버리는 것이 우선이다. 당연히 해야 할 일이라 해도 내가 순종해야 할 대상의 뜻과 내 뜻이 대치될 때는 편안함이 없다. 악은 편안함이 없으면 바른 판단이 아니라며 간교한 말로 불순종을 부추긴다. 아니다. 순종해야 할 일에 대해 내 가치관을 버리지 않아 편안한 마음을 빼앗긴 것이다. 순종은 내 허상을 바꾸어 가는 것이기에, 불편함을 이겨가며 순종의 의미를 깨달아야 한다.

순종 2

'오늘 지금'은 과거 너희가 행한 순종의 결과라는 걸 잊지 말고 순간
순간 순종을 점검해라. 그러다 불순종이 깨달아지거든 잠시도 머뭇거
리지 말고 즉시 순종을 향해 돌아서라. 아쉬움과 후회, 실패나 성공도
항상 순종으로 점검하고 답을 찾으며, 비대해진 불순종은 단호하게 정
리하고 다시 순종으로 시작해라. 가끔 너희에게서 불순종의 결과가 보
일 때면, 지난날 아빠로서 감정을 절제하지 못하고 너희를 징계하며
노엽게 했던 순간이 떠올라, 가슴이 미어지고 온 입안이 터지는 후회를
할 때가 있다. 순종은 실천하는 행동이지, 이해하려고 고민하는 것이
아니다. 순종이 한계를 극복하는 유일한 방법이기에, 가장 어려운 문제
이지만 동시에 가장 쉬운 성공의 길이란 것도 잊지 말아라.

순종 3

순종하며 가는 길은 눈에 보이지 않는 것을 믿음으로 바라고 인내하
지만, 유혹에 빠져 가는 불순종의 길은 눈에 보이는 결과를 향해 들떠
서 간다. 순종하며 가는 길은 능동적 과정에서 만나는 한계를 통해, 자
신의 잠재능력을 개발하며 풍성한 마음의 열매를 먼저 얻는다. 반면에
유혹에 빠져서 가는 길은 누군가의 방법에 의존해 수동적으로 가기 때
문에, 자신의 잠재능력을 개발하기 어렵고 원했던 자리나 물리적 결과
에서도 마음의 평안을 얻지 못한다. 지금 내가 달려가고 있는 길이 순

종의 길인지, 유혹에 빠져서 가는 길인지 점검해 보아야 한다.

순종과 힘

운동하거나 악기를 다룰 때 초보자의 특징은 힘의 강약을 조절하지 못한다는 것이다. 상황에 따라 적절하게 강약을 조절할 수 있는 것이 진정 유익한 힘이고 꼭 필요한 기술이다. 평소에 충분한 힘을 갖추고 있지 않으면 강해야 할 때 원하는 힘에 이르지 못하고, 약해야 할 순간에 힘을 통제하기 어렵다. 이러한 힘은 하루아침에 만들어지지 않는다. 평소 순종적인 삶으로 자기를 절제하고 꾸준한 노력 속에 조금씩 쌓이는 것이다.

선에 순종하라

악에 대항하려 하지 말고 선에 순종하는 습관을 들이면, 위험한 상황을 접하지 않고도 악을 이길 수 있다. 열정이라는 얼굴은 힘을 모아 악에 대항하는 것이 정의라고 유혹하지만, 사실은 더 큰 악을 잉태할 뿐이다. 선에 순종하는 것이 당시에는 용기없고 비겁해 보일 수도 있으나, 분노나 우월감을 누를 수 있어야 악의 힘을 꺾고 정의로운 사회를 세워갈 수 있다.

능동적 순종으로

학생이나 군인은 의무로 가득한 수동적 순종을 한다. 반면 세상은 예측불허의 유혹이 많기에 능동적으로 순종해야만 살 수 있는 곳이다. 삶의 목표를 하나님께서 축복하신 안식일을 거룩하게 지키는 것에 두어라. 시간을 낭비하지 말고 무엇을 하든지 거시적인 계획 속에서 꾸준해야 한다. 예수님 안에서 속사람의 강건함으로 겉 사람의 유혹을 이겨내고 생명을 품고 살기 바란다. 그래야 실수를 두려워하지 않고 강하고 담대하며 침착할 수 있다. 너희 마음과 목숨과 뜻과 힘을 다해 너희 하나님을 사랑하고, 예수님께서 너희를 사랑하신 것 같이 너희 자신을 사랑하고, 너희 자신을 사랑한 것 같이 이웃을 사랑하며 살아라.

섬김 1

많은 사람이 있어도 손길이 미치지 못하는 그늘과 소외된 사람이 남아있는 것은, 섬김이 없어서라기보다 섬김이 편중되어서이다. 아무리해도 표가 나지 않고 흔적을 찾기 어려운 섬김이 있다. 눈에 띄지 않을 당연한 일들이고 힘들고 지저분한 곳들이다. 일상의 필수품목인 전기나 수도는 고장이 잦고 화장실 상태와 행사의 뒤치다꺼리는 지저분한 일이어서, 더 신경 써 섬겨야 함에도 늘 손길이 부족하다. 반면 현장에서 즉시 칭찬으로 되돌려 받을 수 있는 일들에는 섬김의 경쟁도 치열하다. 그래서 교만은 섬김으로도 나타난다는 것을 경계해야 한다. 참 섬김을 아는 사람들은 보통 사람이 그냥 지나쳐 버리는 곳에 먼저 관심을 두고 점검한다.

섬김 2

섬김은 매일 매일 해야 하는 일도, 종일토록 해야 하는 일도 아니다. 매일 정해진 시간 안에서 주어진 목표를 가지고 법과 질서를 지키며 해야 하는 일은 직업이기 때문이다. 섬김은 꼭 전문성이 필요한 일도 아니다. 누구든지 잠깐만 짬을 내면 얼마든지 할 수 있는, 빈틈을 채우는 일이다. 섬김은 나와의 약속을 지켜가는 일이며, 누군가의 가슴에 이는 찬바람을 내 한 뼘 손바닥으로 막을 수 있게 은혜를 나누는 일이다.

섬김이 사랑이 되려면

모든 섬김과 봉사에는 편안한 사랑의 마음만 남아야 한다. 섬기는 자의 수고하는 모습이나 그에 대한 칭찬이 남거나, 섬기는 자의 마음에 섬김을 받은 자에 대한 아쉬움이 남아서도 안 된다. 섬김은 인정받으려는 순간 무서운 유혹이 될 수 있다.

일에 대한 십계명

1. 모든 일의 과정에 최선을 다해라.

2. 그 과정에서 교훈을 생각하고 사람을 만나라.

3. 현장에서는 내가 하고 싶은 일보다는 현장이 원하는 일에 열정을 품어라.

4. 모든 일은 일꾼의 시각이 아닌 주인의 관점으로 보라.

5. 명령받은 일은 이해하려 하지 말고 먼저 순종으로 과정을 즐겨라.

6. 순종의 과정 중에 명령의 뜻을 이해했다면 아직 이해하지 못하는 자와 기쁨을 나누어라.

7. 과정이 힘들어도 불평하지 말아라. 그러면 다시 처음이 된다.

8. 아무리 피곤하고 시간이 없어도 과정을 메모하고 쉬어라.

9. 결과는 혼자 누리지 말고, 그 일에 공로가 없는 자들과도 함께 공유해라.

10. 곧바로 다음 과정을 즐겨라.

회사 생활 십계명

1. 요셉의 경영학을 기준으로 매일 말씀 묵상과 기도로 시작하고 마무리해라.

2. 주인의 마음으로 회사 전체를 보고 너희에게 맡겨진 일에 신실해라.

3. 회사 물건을 절약하고 아끼며 궂은일에 솔선수범해라.

4. 회사가 하는 일과 너희가 맡은 업무를 바르게 파악하고, 거기에 대해 최고의 지적역량을 갖추어 가며 미래를 향한 대안을 고민해라.

5. 보고 듣고 생각하고 메모한 후에 질문해라.

6. 약속 장소에는 최소 30분 전에 도착해 약속 내용을 점검하며 기다려야 한다.

7. 매일 너희만의 업무 일지를 써라.

8. 크게 선물하려고 하지 말고, 항상 예쁜 엽서에 손 글씨로 마음을 담아 전하는 습관을 들여라.

9. 연봉 협상 시에는 객관적 성과와 발전적 아이디어를 가지고 정당한 대가를 요구하되, 함께 그리고 멀리 가는 길을 선택해라.

10. 돈에 대해서는 공과 사를 분명히 하고 정직해라.

관계 십계명

1. 매일 가족과 친구, 관계된 사람들을 위해 기도해라.

2. 가까운 사람에게 먼저 온유를 실천하고 예의 바르게 행해라.

3. 먼저 상대의 이야기를 경청하며 핵심을 파악하고, 정확한 문장과 부드러운 목소리, 미소 띤 얼굴로 짧게 말해라.

4. 사소한 것도 진실하되, 묻지 않은 것까지 말하려고 하지 말아라.

5. 상대가 이룬 결과나 소유가 아닌, 그가 걸어온 과정에 관심을 가

겨라.

6. 너희의 감정 상태와 관계없이 친절해라. 만약 지금 너희의 감정이 친절하기 어렵거든 정중하게 다음을 약속해라.

7. 이해되지 않은 언어와 행동엔 당장 반응하지 말고 그 주변을 천천히 살펴보아라.

8. 어떤 상황에 휘둘려 너희의 정체성이 무너진 순간에는, 섣불리 결정하지 말고 관계를 쉽게 저버리지도 말아라.

9. 상대의 강점은 인정하고 약함에는 도움을 주어 그가 시너지를 얻도록 해라.

10. 사소한 것일지라도 은혜를 잊지 말고 기록해 먼저 소식을 드려라.

뭘 알아!

땀의 현장에 진짜 경영철학이 있다는 것을 모른다는 점이 경영자들의 교만이다. 노동자가 그 틈을 몰라서 따른다고 생각하지만, 그들은 다 알면서 따라주고 있다. 경영의 방법을 오로지 경영학책이나 행정 요원이 내민 서류의 화려한 계획에 의지하려 말고, 땀의 현장에서 찾아야 한다.

위선자의 눈 속에 감추어진 거짓을 이해할 수 있는 통찰력은 누군가 대신해주는 기도로 얻어지는 것이 아니다. 내가 직접 하나님 앞에 무릎 꿇고 하는 회개와 그에 따른 변화된 삶 속에서 얻어지는 게 하나님의 은혜다. 누군가에게 중보기도를 부탁하기보다는 이웃을 위한 너희 중보기도의 용량과 시간을 늘려가라.

너희가 열 명의 부담을 느끼며 살면 너희는 10부장이고, 100명의 부담을 느끼며 살면 100부장이며, 만약 너희가 1000명이 느끼고 책임져야 할 부담을 안고 살아간다면, 너희는 한 공동체의 지도자가 될 수 있다.

리더

다소 이해가 느린 사람일지라도 어떤 환경 속에 오래 살다 보면 필요한 식물과 불필요한 잡초를 구분할 수 있다. 잡초는 필요한 식물의 성장을 방해하고 보기에도 좋지 않다. 잡초를 자르고 제거해야 한다는 것을 알면서도, 빈둥거리기는 할망정 잡초를 뽑는 사람은 찾아보기 어렵다. 특히 자기는 잡초 제거 따위를 할 사람이 아니라고 착각하는 어리석은 리더가 있다. 이런 리더가 있는 곳은 잡초가 무성하고 지저분하다. 그런데 의아하게도 그런 리더일수록 영혼의 잡초를 뽑아내겠다고 아우성이다. 반면 건강한 지도력을 가진 사람은 시간 있을 때마다 채소밭이나 꽃밭에 앉아 잡초를 뽑는 걸 볼 수 있다. 그와 함께 하는 사람들의 얼굴 역시 밝고 자신감도 넘쳐 보인다. 오늘은 너희 주변의 잡초를 한 번 제거해 보지 않겠니?

말(言)

나이가 들면서 세상살이에 대한 가치판단과 대응력을 가지게 되는 사람이 있고, 자기 경계의 둑을 아예 허물어버리는 사람이 있다. 인생사의 가치가 크고 위대하지 않더라도 소박한 것에서 소중함을 발견할 줄 알고, 풀 한 포기 나무 한 그루에서도 자기성찰의 시선을 갈무리해낼 수 있다면 균형을 잃지 않는 삶을 이끌어간다고 할 수 있다. 이순(耳順)이란 듣는 대로 이해할 수 있는 나이라고 한다. 하고 싶은 말은 많지만, 인생의 희비를 가릴 줄 아는 경륜이라는 둑으로 경계할 때라야 진실이 배경 되는 품격 있는 말이 된다. 저수지의 물이 그 경계 속에 있으면서도 넘침과 부족의 균형을 맞추듯, 말은 삶과 균형을 이루어야 빛난다.

부러움

다른 사람의 부러움을 사는 사람들이 있다. 많은 사람을 다스리고 가르치며, 경제적으로도 안정된 직업을 가진 자들이다. 그런데 그 부러움의 대상 중에 있었던 한 사람의 아들이 마약 혐의로 경찰에 잡혔다. 그 아버지는 국민 앞에 머리를 숙였다. 어쩌면 더 많은 것을 포기해야 할 수도 있다. 우리가 진정 부러워하며 목표로 삼아야 할 삶은, 유물론적 가치관이 대세를 이루고 있는 환경 속에서도 옳고 곧은 생각으로 정직하고 당당하게 살아가는 사람이다.

분노하지 말아라

분노하지 말아라. 실수했을 때는 물론, 설령 너희가 진정 옳았을지라도 분노로 당 짓지 말아라. 거기에 함께 모인 자는 아무도 주인이 없고 진정한 친구가 될 수 없다. 분노해서 뛰쳐나가 일을 저지르고 경쟁하지 말아라. 그 일이 올무가 되어 너희를 후회하게 할 것이다. 악한 일에는 차가운 이성으로, 강하고 담대하되 온유하고 침착해야 한다. 너희를 분노하게 하는 것이 선이거든 너희의 분노를 부채질하는 군중 심리를 경계하고, 자존심을 꺾고 너희의 약함을 인정해야 한다. 너희의 분노로 인해 상처받은 이에게 오히려 용서를 비는 용기를 내야 한다.

상하 관계 1

리더의 가장 큰 힘은 성숙한 인격이요, 그다음은 지혜요, 그다음은 언어적 설득력이라고 생각한다. 이 세 가지는 나이나 학력, 더 나아가 삶의 많은 경험이 없어도 가능하다. 어떤 가치관을 가지고 자기 자신과 싸워왔느냐에 따라 다듬어지고 얻어질 수도 있다. 아랫사람들의 실수에는 그들이 의도한 반항이 있을 것이고, 그들의 한계도 있을 것이며, 성실하지 않은 삶의 습관에 발목이 잡힌 어리석은 자도 있을 것이다. 그러므로 상황에 따라 지혜롭게 대처할 수 있어야 한다. 특히 너희보다 나이가 많으나 직급이 낮은 사람들을 상대할 때는, 지위와 계급의 권위보다 성숙한 인격과 논리 정연한 말로 잘 준비해야 지혜롭게 대처할 수 있다는 것을 잊지 말아라.

상하 관계 2

군대의 부하 중에는, 명령을 거역하는 건 아닌데 은근히 상관의 감정을 자극하며 반항하는 자가 있다. 소위 나이 어린 상관의 군기 잡기 같은 것이다. 그땐 자칫 감정이 충돌할 수도 있다. 그들은 나이는 자신이 더 많은데 상관보다 자기의 계급이 낮다는 것 때문에 그저 상관의 말을 듣고 있다고 생각한다. 상관의 말과 행동이 자기가 볼 때 성숙하지 못하다는 것이고, 자기는 그런 상관보다 잘할 수 있다는 표현이기도 하다. 이런 부하를 계급의 권위만 가지고 강하게 다루려는 것은 참으로 어리석은 짓이다. 능청스럽게 모르는 척하고, 오히려 그의 능력에 기회를 부여하는 큰 인격과 지혜를 발휘해라. 정의롭고 바른 가치 기준으로 사람을 품는 것이 능력 중의 능력이다. 아울러 그런 일을 만날 때는 너희가 부하에 대해 느끼는 감정이, 혹 너희를 향한 너희 상관의 감정일 수도 있다는 것을 생각해보아도 좋겠다.

의지력

매일 다짐을 새롭게 하지만 그 다짐이 습관의 벽을 넘지 못하고 무너질 때가 있다. 이런 다짐과 무너짐이 반복되다 보면, 또 다른 습관에 젖어 들어 진보 없는 제자리걸음만 되풀이하게 된다. 그래서 새로운 다짐에는 강한 의지가 필요하다. 의지는 습관을 통제하는 힘이고 자기 자신과 싸우는 능력이다. 오늘은 우리의 다짐을 가로막고 변화를 방해하는 나쁜 습관을 찾아 메모해 놓고, 그것을 통제할 수 있는 의지를 간절히 구해보자.

인내

가까이서 지켜보지 않으면 잘 구분하기 어려운 인간의 모습이 있다. 하나는 인내이고, 또 하나는 그냥 버티고 개기는 모습이다. 인내는 순종하며 합당한 노력을 쉬지 않지만, 버티기는 순종 없는 화려한 말로 순종의 유익을 누리려는 속임수다. 인내는 생명을 품고 생명을 위해 맡겨진 일을 끝까지 하지만, 버티기는 일은 하지 않으면서 떡고물을 얻으려고 잔칫상 가까이에 자리를 깔고 앉아 시간을 보낸다. 인내는 땀 흘리는 과정과 그 현장이 있지만, 버티기는 그럴듯한 계획을 말하며 누군가 밥 줄 때만 기다리고 있다. 복음의 은혜는 인내하는 것이지, 버티는 것이 아니다.

사람

사랑하고 있는가, 반응이 없는데도.

사랑하고 있는가, 변하지 않는데도.

사랑하고 있는가, 반항하는데도.

사랑하고 있는가, 은혜를 모르는데도.

일과 사람

모든 일에는 내 지혜와 기능이 필요한 부분이 있는가 하면, 누군가의 지혜와 은사가 함께해 줘야만 하는 일이 있다. 말이 통하지 않는 사물을 대상으로 하는 일은 예측도 가능하고 잘못되면 수정도 가능한데, 오히려 말이 통하는 사람과 함께하는 일은 예측도 어렵고 수정도 쉽지 않다. 새롭게 해야 할 일 앞에서 망설여지는 것은 일에 대한 부담 때문이 아니다. 모든 일은 홀로 할 수 없고 누군가 함께해야 하는데, 함께 할 그를 제대로 알지 못하기 때문이다. 그래도 일보다는 사람이 우선이 돼야 한다. 사람이 남아있으면 언제가 다시 그 일을 할 수 있지만, 사람이 없는 사역은 폐허가 되기 때문이다.

새 일에서 만나는 세 가지 벽

너희에게 맡겨진 일은 물론이고 너희가 스스로 선택한 일일지라도, 새로운 일에는 항상 지혜롭게 극복해야 하는 세 가지 벽이 있다. 다시 말해 은혜를 깨달을 수 있는 상황이 있다는 말이다. 너희를 향한 기존의 지배력은 가끔 비열한 느낌도 들 수 있다. 그리고 생각이나 습관의 변화 없이, 기득권에 기대어 살아온 자들의 유치한 저항도 만만치 않다.

반면 많은 잠재능력을 갖추고 제 지정석에서 성실하게 충성하지만, 여러 벽에 막혀 그 능력을 펴지 못하는 자들도 있다. 이런 사람들을 만나게 해달라고 기도하고, 그들에게 일하는 법을 배우고 적응해 가야 한다. 또 다소 무기력해 보이고 유치해 보이는 상사나 동료들도 감사하며, 너희의 강함으로 섬기며 협력해야 한다.

어떤 일을 한다는 것에는 먼저 내 필요가 있어야 한다. 그 일을 할 기회는 기존의 지도력을 통해 부여받아야 하지만, 그곳에서 너희가 해야 할 일은 공의를 실천하고 세우는 것이란 걸 잊지 말고, 실력을 기르고 인내하는 습관을 들여라.

시기와 질투

시기와 질투의 대상은 선이지 악이 아니다. 인간의 가장 원초적인 이 감정은 선을 물고 늘어지는 내 안의 열등감이지 불의에 항거하는 의가 아니다. 악은 절대 더 큰 악을 시기하거나 질투하지 않고, 오히려 경의를 표하고 칭찬하며 더욱 악해지기 위해 서로 경쟁할 뿐이다. 우리 사회가 넉넉함 속에서도 마음의 평화를 누리지 못하는 것은 악이 강해서가 아니다. 선이 자기 안에 있는 작은 악을 통제하지 못해 다른 선을 시기하고 질투하기 때문이다. 내 선이 나와 다른 선과 함께 일하며 겸

손하게 배우려 할 때, 공동체와 지체가 동반 성장하는 은혜를 누리게
된다.

강한 자의 의무

세상은 약한 자가 자기 책임을 다하지 못해서라기보다, 강한 자가
욕심을 부려 더 강해지려 하는 것이 문제다. 강한 자의 힘은 자력으로
살기 힘든 약한 자의 몫까지 함께 관리해 주라고 맡겨진 것이지, 더 큰
강함을 탐내라고 맡겨진 욕망의 도구가 아니다. 약한 자의 약함은 긍
휼의 대상이지만, 강한 자의 욕심은 경계의 대상이다. 강한 자는 약한
자를 통해서 성숙해지고, 약한 자는 건강한 꿈을 키워야 서로 성장해
갈 수 있다.

주인이 되어라

주인이 되어라. 주인은 작은 걸 아끼고 챙겨 크고 좋은 것으로 나누
고, 그 나머지로 족한 줄 알고 사는 사람이다. 주인은 떨어진 휴지를
줍고, 불필요하게 켜진 불을 끄며, 흐르는 물을 아끼지만 궁색하지 않
은 자이다. 주인은 먼저 일을 시작하고, 가장 늦게까지 일자리를 지키
면서도 불평할 수 없는 사람이다. 일꾼들은 업적과 향기로운 추억을
남기려 하고, 주인은 철학과 함께 이어가야 할 미완성의 현장을 남기는

자이다. 일꾼은 제시간이 되면 떠나는 자이지만, 주인은 죽음까지도 마음에 품고 사는 사람이다.

도둑이 되어라 1

도둑이 되어라. 주인의 마음을 훔치는 의로운 도둑이 되어라. 눈에 보이는 주인의 자리나 권세를 부러워하지 말고, 주인의 가슴에 흐르는 고독을 이해하며 너희 가슴에 저장해라. 너희가 옳다고 여길지라도, 겉으로 드러나게 너희 손을 들어주지 못하는 리더의 마음을 이해해라. 리더 안에 있는 또 다른 누군가를 바라볼 수 있는 눈을 뜨고, 리더가 품은 그를 너도 품어봐라. 진리 안에서 세상을 성실하게 살아온 사람들의 공통된 고민과 염려가 있다면, 주인의 마음을 의롭게 훔쳐갈 자를 기다린다는 것이다.

도둑이 되어라 2

주인이 되려 하지 말고 주인의 마음을 아는 자가 되어라. 하나님, 부모, 스승, 상사 등 순종해야 할 대상의 마음을 훔치는 의로운 도둑이 되어라. 주인의 마음은 달콤한 언어나 무지개 약속보다 그의 가치관과 너희를 향한 시험, 너희의 실수 앞에서도 말을 삼키는 그의 고독 속에 있다. 보이는 것에 마음을 두면 이기적인 자가 되어 순종의 한계를 넘기 어렵지만, 보이지 않는 마음을 이해하면 지치지 않고 즐겁게 충성할 수 있다. 주인의 뜻이 이루어질 때 너희의 꿈도 이루어진다는 것을 믿고, 주인의 뜻 앞에 참고 인내해 땅을 기업으로 받는 온유한 자가 되어라. 주인에 대한 너희의 믿음이 너희를 의로운 도둑이 되게 할 것이다.

교만

교만은 순종하지 않고도 원하는 삶을 살 수 있다는 착각이요, 이루어질 수 없는 꿈을 이루어진 것처럼 사는 허상이며, 게으른 자신을 감추려는 위장이다. 교만은 한 생명을 얻는 기쁨보다 가시 성과를 더 자랑하며, 공의로운 과정을 나누기보다 자기에게 유리한 공로만 말하는 것이다.

교만과 겸손

교만은 자신의 약함보다 강함을 더 드러내고자 하는 마음이다. 그래서 품어야 할 사람을 품지 못하는 마음이며, 자기 영광을 추구하는 욕망이 강해 질서 속에 순종하지 못하는 마음이다. 반면 겸손은 혼자서도 충분히 뭔가 해낼 수 있는 능력이 있음에도 일을 분담해 사람을 품는 마음이며, 자신의 강함으로 이웃의 약함을 보충해 섬기고 순종하는 마음이다. 교만은 늘 자기감정이 우선돼 자신과 이웃의 성장을 가로막지만, 겸손은 거짓과 불의가 아닌 이상 상대의 감정을 배려해 그의 잠재능력을 개발해 주려고 한다. 내 재능, 소유, 꿈, 노력, 인내 속에 몇 사람이나 함께하고 있는지 세어 보고, 그들을 통해 풍성하고 성숙해진 은혜를 헤아리며 감사하자.

교만과 위선

행동으로 나타난 어리석은 교만이 있는가 하면, 친절하고 겸손한 언어 습관으로 위장한 화려한 위선도 있다. 행동으로 드러난 교만은 쉽게 파악이 되지만, 신사적인 언어 속에 감추어진 위선은 삶을 통해 경험해 보지 않으면 이해하기가 어렵다. 대개의 사람은 진실을 은폐한 미소와 달콤한 말 속에 숨겨진 음모를 친절과 호의로 착각한다. 그래서 현혹된 무리를 향해 안타까운 호소를 하면 분노한다고 오해하고, 정의를 외치는 소리를 독선이라 여긴다. 이 어리석음에서 해방돼 자유로워지려면 매일 하나님의 지혜를 구하고, 그를 의지하는 것밖에 없다. 오늘도 그 은혜를 갈망한다.

경계해야 할 사람

여러 시행착오 끝에 이런 사람은 경계해야 한다는 것을 나 스스로에 교훈해 본다.

자기가 말하는 영역의 지정석이 허상인데 전문 강사의 이름으로 이곳저곳 돌아다니는 사람, 직접 돌보고 섬기는 영혼이 없으면서 영적 신분으로 살아가는 사람, 교회에 다니는 사람에게 접근해 특별한 은혜를 들려 주며 특정교회로 유혹하는 사람, 자기의 물질은 희생하지 않으면서 누군가의 후원을 받아 자꾸 행사를 벌이는 사람, 자기 생각을 말하기보다 누구누구를 안다고 말하는 사람, 과정 없는 결과만 말하는 사람, 분별력 없이 연합이란 이름으로 모든 모임에 빠지지 않고 찾아다니는 사람, 시비가 분명한 상황 속에서도 옳고 그름을 말하지 않고 몸을 사리는 사람, 이상한 영적 체험을 강요하고 유도해 가는 사람 등이다.

공통분모

모든 사람이 타고난 기질이나 삶의 습관, 지향하는 목표는 각각 다르지만 삶을 살아가는 과정에는 공통분모가 존재한다. 그중 하나는 정직하게 수고하고 땀 흘리며 살더라도, 삶은 생각하는 것처럼 쉽지 않고 여전히 힘들고 어렵다는 것이다. 누군가에게 감동을 주고 위로하기 위해서는 내 삶의 과정에 이런 성실한 땀의 흔적이 공통분모를 이루고 있을 때 가능하다. 감동은 쌍방에 존재하는 공통분모에서 나오기 때문이다. 사랑하는 사람들의 삶 속에 존재하는 공통분모와 땀방울을 찾아 기도하고 감사하자.

더불어 살아간다는 것

내 약함은 누군가의 강함을 용납하고 의지해야 한다는 것이고, 내 강함은 누군가의 약함으로 인해 더욱 완전해져야 한다는 것이다. 겸손이 약함으로 강함을 품는 것이라면, 교만은 강함으로 약함을 버리는 것이다. 더불어 살아간다는 것은, 미련해 보이는 십자가로 죄인을 품고 율법을 완성해 가는 것이다.

관계와 진실

바르지 않다는 것을 알면서도 서 있어야 할 때가 있고, 마음이 없는데도 고개를 끄덕여야 할 때가 있다. 하나님의 뜻이 아님을 알면서도 '아멘'이라고 화답할 때가 있고, 칭찬이 아니라는 걸 알면서도 거기에 취할 때가 있다. 옳다고 확신하면서도 고독할 때가 있고, 시기와 질투라는 걸 알면서도 의기소침해질 때가 있다. 내 능력과 기질을 알면서도 덕담을 진실로 착각하는 나는 아직도 어리석다.

권력과 인격

권력은 한 사회나 공동체 안에 있는 회원이나 가족의 권리를 대변하는 자리이지, 한 개인의 힘을 자랑하는 자리가 아니다. 그래서 권력에 대해 예의를 갖춘다는 것은 단순히 그 권력자에 대한 존경이 아니라,

그 사회와 공동체 구성원에 대해 예의를 표하는 것이다. 존경은 인격체에 하는 것이기에, 뭘 바라고 기대하는 마음이 없이 그 대상을 신뢰하고 따라가겠다는 무언의 약속을 담고 있다. 건강한 사회와 공동체를 만들려면 구성원들이 그들의 리더를 인격적으로 존경하고, 그의 부족함을 자신의 강점으로 보충하며 따를 때 가능하다.

전화 받는 자세

쉬는 시간이 아닐 때 누군가 너희에게 전화를 거는 사람이 있거든, 자다가 전화를 받는다는 느낌이 들지 않도록 늘 명랑하게 전화 받는 훈련을 해라. 그러지 않으면 상대가 당황스러워서 해야 할 말을 잊어버릴 수 있고, 미안해서 그냥 포기할 수도 있을 뿐 아니라, 너희의 이미지가 부정적으로 새겨질 수 있기 때문이다. 윗사람이나 잘 모르는 사람에게 전화할 때는, 먼저 인사를 하고 간략한 자기소개 후에 정확한 문장으로 의사를 전달하도록 평소에 말하는 습관을 들여야 한다. 상사의 전화를 받지 못하는 실수를 하지 않도록 항상 전화기를 휴대하고, 동료들에게는 너무 이른 아침이나 저녁 늦은 시간에 전화하지 않는 예의도 지켜야 한다.

전화와 리더

태국에서 단골로 사용하는 봉고차 그룹이 있다. 필요할 때 그 중 리더격인 자에게 연락하면 즉시 전화도 받고 일도 합리적으로 처리해 준다. 그런데 사이가 가까워지면서 무리한 요구가 늘고 태도도 불손해져, 리더격은 아니지만 다른 사람으로 바꿔 보았다. 이 친구는 예의도 바르고 운전도 편하게 잘하는데, 단 하나의 단점이 있다면 한 번도 전화를 제때에 받지 않는다는 것이다. 왜 이 친구가 이 그룹에서 지도력을 갖추지 못하는지 알 것 같았다. 리더는 자기가 필요할 때만 전화를 받는 자가 아니라, 고객이 필요할 때 전화를 받는 자라는 생각을 해본다.

코리안 드림

지금 태국인에게 대한민국은 꿈의 나라다. 무슨 방법을 써서라도 한국을 가고 싶어 하는 사람들이 많다. 심지어 불법체류를 하면서도 한 달 평균 80만 원 이상을 집으로 보내온다. 그런데 누군가에게는 꿈이 된 대한민국을, 한국 사람들은 스스로 '헬조선'이라고 부른다. 젊은이들이 해야 할 일이 없고, 아무리 열심히 노력해도 살기 어려운 나라라는 것이다. 태국인들이 먹고 자고 살면서 한 달에 이 정도를 고향 집으로 보내올 정도라면, 우리 젊은이들도 그 정도는 저축하며 생활할 수 있는 일자리가 얼마든지 있다는 증거이다. 편하고 싶은 마음과 문명의 이기에 삶의 행복과 소비의 기준을 맞추면, 세상은 어디나 지옥일 수밖에 없다. 땀 흘려 일하는 것에서 감사와 기쁨을 얻으면, 어디서든 내 한 가정 책임지며 살 수 있다는 것이 하나님의 섭리다.

젊음과 일

진짜 일자리가 없는 것인지 일하려는 청년들이 없다는 것인지 모르
겠다. 중소기업을 하는 친구는 직원모집공고를 내도 지원자가 없다는
데, 젊은이들은 일자리가 없어 지옥 같은 한국이라고 한다. 중소기업
과 농어촌의 경우 상당 부분 외국인 노동자에 의지해야 하는 실정이고
보면, 일자리가 없다기보다 일을 하고 싶은 젊은이가 많지 않은 것 같
다. 일에는 해야 할 일이 있고, 하고 싶은 일이 있다. 하고 싶은 일을 하
려면 먼저 해야 할 일을 성실히 해내는 과정을 통해 준비돼야 한다. 해
야 할 일은 물론, 하고 싶은 일 속에도 생명이 있어야 한다. 나 혼자만
을 위해 일하기보다, 내 안에 품고 있는 생명이 있을 때 내 노동의 가치
가 배가되기 때문이다.

경제가 어렵다

방콕에 갈 때마다 택시기사들의 입을 통해 듣는 말이 있다.
"경제가 어렵습니다."
지난 30년간 나는 경제가 좋다고 말한 사람은 한 사람도 만나보지
못했다. 일자리가 없다고 아우성인데, 들에서 농사짓는 사람이나 노동

현장에는 대부분 미얀마 소수민족이나 캄보디아 사람들이 많다. 그들의 삶의 환경도 말처럼 어려워 보이는 게 아니라 점점 더 여유롭고 윤택해 보인다. 방콕에 하나뿐이던 공항이 둘이 됐어도 공항은 늘 만원이고, 고급 식당은 예약하지 않으면 갈 수가 없다. 그런데도 경제가 어렵다고 앓는 소리를 한다. 문명이 이끄는 욕망의 가속도를 정신적 에너지가 따라가지 못해서이다. 정신적 에너지가 고갈된 것은, 마음의 평안보다 육체의 편안함을 우선에 두었기 때문이다. 한국도 그렇다.

정의로운 사회

정의롭고 선한 사회를 원하지 않는 사람은 하나도 없다. 그러나 정의를 위해 노력하고 희생하려는 사람은 많지 않다. 누군가 이루어 놓은 정의를 누리려고만 하는 것은 불의다. 오늘 내가 누리는 정의는 누군가의 희생으로 얻어졌다. 나는 그 속에서 다시 누군가의 정의를 위해 희생해야 한다.

희망이 숨 쉬는 삶

너희를 떠나 보내놓고 문득문득 떠오르는 염려와 아쉬움이 하나 있다. 아침에 자기 이불 개는 것과 자기 물건 관리하는 훈련을 좀 더 철저하게 시켜서 보내지 못한 것이다. 공부에 지쳐 힘들어하는 모습을 보며 안쓰러워 대충 넘어갔던 것이 후회스럽기도 하다. 여러 사람을 만나보면서, 희망은 청소와 정리정돈으로부터 시작된다는 것을 깨달았다. 통솔력은 사람을 적재적소에 배치해 책임과 의무를 다하게 하는 것이고, 또 관리하는 물건 중에서 버릴 것과 수리해 사용할 것, 잘 보관해 둘 것을 판단하고 정리할 줄 아는 것이다. 너희가 사용하는 방과 사무실은 언제나 희망이 살아 숨 쉬는 곳이 되도록 했으면 좋겠다. 너희 스스로 청소하고 정리하지 않아도 될 상황에서도 스스로 관리해 권위와 위엄을 세우고 지켜가기 바란다.

희망적인 사회

내 수고는 누군가 먼저 흘렸던 땀에 대한 정당한 보상과 존경을 표하는 것이 돼야 한다. 동시에 그에게 위로가 될 수 있어야 한다. 내가 흘리는 땀과 그의 했던 수고가 더해져 성숙한 시너지를 낼 수 있는 사회가 되면 더 좋다. 정신노동자와 육체 노동자가 평등한 권리와 의무를 행사하고, 이웃이 되어 더불어 살아가는 곳이 되며, 누구든지 법 앞에서는 잘못의 대가를 동등하게 치르는 게 희망적인 사회다.

chapter 4.

좁은 길을 가야 하는 이유

갈등

어디에나 갈등이 있다. 악은 악을 행하는 순간이나 악을 떠나려 할 때도 있고, 선을 행할 때나 선을 포기하려 할 때도 있다. 또 잘하는 일을 계속할 때도 있고, 그 일을 그만두고자 할 때도 있으며, 새로운 일을 시작할 때도 있다. 악에 붙잡히는 것만 악이 아니고 선을 포기하게 하는 것도 악이다. 새로운 일에 대한 거짓환상을 주는 것도 악이며, 잘하고 있는 일에 이유 없이 싫증을 느끼게 하는 것도 악이다.

새로운 선택을 앞두고 갈등이 생긴다면 선택의 기준은 경제적 손익이 아니라 마음의 평안으로 평가해야 한다. 새로운 것을 선택하려고 할 때 거기에 수고와 땀 흘림이라는 부담과 넘어서야 할 벽이 없다면, 그것은 편안하고 유익한 길이 아니라, 함정이란 걸 잊지 말아라.

너희가 무슨 일로 갈등하든지, 편한 쪽으로가 아니라 열심히 일하는 길을 택했으면 좋겠다. 그러나 새로운 곳에서도 여전히 벽을 극복하겠다는 다짐이 있다면, 어떤 결정이든 그 결정을 존중한다. 단 너무 길게 갈등하지 말아라.

과정의 차이

두 수재가 있었다. 한 수재는 해야 할 일을 먼저 한 다음에 하고 싶은 일을 했고, 또 다른 한 수재는 하고 싶은 일을 한 후에야 해야 할 일을 했다. 해야 할 일을 먼저 한 수재는 반복해서 검토하고 수정에 수정을 거듭한 대신, 해야 할 일을 나중으로 미룬 다른 수재는 아쉬움을 남긴 채로 서둘러 마무리해야 했다. 둘 다 해야 할 일을 한 것은 맞지만 그 결과는 완전히 달랐다. 한 사람은 세계 최고의 자리에 오라는 선택을 받았고, 한 사람은 원했던 자리에 합격하지 못했다. 삶의 차이는 타고난 능력의 격차보다 삶의 과정을 대하는 자세의 차이일 것이다. 과정을 꽉 채운 자와 채우지 않은 자의 결과가 같다면 공정한 사회라 할 수 없다.

기준

사람들은 높은 가치는 지키기 어렵다며 기준을 좀 낮추어 달라고 한다. 기준을 낮추어 주면 지킬 것 같지만 그런 사람은 많지 않다. 높은 기준이 문제가 아니라 지키고 싶지 않은 마음이 문제이다. 그 낮은 기준조차 지키지 못하는 자신의 민낯을 대하는 게 불편한 것이다. 낮은 기준을 지킬 줄 아는 자는 높은 목표도 두려워하지 않는다. 죄는 적극적으로 죽음을 향하여 나아가고, 선한 방향으로 성숙해지는 것을 교묘하게 거절한다.

꿈에 관해 이야기할 때

예를 들어 군인이 되는 목표가 있을 때 "나는 군인이 되고 싶습니다."

라고 하면 사람보다는 직업이 더 강조되는 느낌이 있지만, "나는 우리 민족을 주변 나라들로부터 보호하고 싶습니다. 그러기 위해 나는 군인이 되고자 합니다."라고 말하면 꿈과 목적 속에 사람이 중심이 돼 있다고 느껴진다. 구체적으로 민족을 보호하는 군인의 의무와 책임을 먼저 쓰거나 말하고, 그런 군인이 되기 위해서 나는 어떤 노력으로, 어떤 과정을 거쳐 가야 하는지를 밝히는 꿈과 목표여야 한다.

또 다른 예를 들어 PD가 꿈이라고 할 때 "나는 PD가 되고 싶습니다."라고 하면 인기와 돈을 많이 버는 직업이 연상되지만, "나는 사람들이 즐거움 속에서 생각하며 살도록 돕고 싶습니다. 그러기 위해 나는 방송국 PD가 되고자 합니다."라고 말하면 꿈과 목적 속에 사람이 중심이 돼 있다고 느껴진다. 구체적으로 사람들이 즐거움 속에서 생각하게 하려면 어떤 프로그램을 만들어야 하는지를 먼저 쓰거나 말하고, 그런 PD가 되기 위해서 나는 어떤 노력으로, 어떤 과정을 거쳐 가야 하는지를 밝힌다면 더욱 확실한 꿈과 목표가 된다.

능력

능력은 내가 무엇이 되는 것이 아니다. 누군가가 무엇이 되게 하는 힘이다. 능력은 누군가를 내게 복종시키는 것이 아니다. 나를 거룩하게 변화시켜 가는 힘이다. 능력은 진실과 거짓, 선과 악, 옳고 그름을 구별하는 지혜이고, 진리와 선에 대한 안내이며, 의에 대해 순종하는 힘이다. 능력은 생명을 품는 사랑이고, 생명을 사랑하는 능력이 모든 것을 가능하게 하는 힘이다. 오늘도 우리가 하나님께 능력을 구하는 이유는 생명을 사랑하기 위해서이다.

도서관으로 가라

나이와 삶의 단계를 따라 맡겨진 책임과 의무는, 그 또래라면 마음만 먹으면 누구나 다 해낼 수 있는 보편적인 일들이다. 그런데도 누구나 가끔은 그 구속하고 있는 상황과 현장으로부터 떠나고 싶을 때가 있다. 그 압박을 이기지 못하고 잠시 떠나는 것이 결코 잘못한 것은 아니다. 문제는 내가 원하는 상황과 현장에서 계획한 목표를 이루기 위해서는, 지금 나를 구속하던 규범보다 좀 더 강화된 질서 속에 스스로 자신을 구속해야 한다. 그렇지 않으면 오늘의 그 선택으로 인해 너희가 더 무너질 수 있다. 자신감이 약해지고 갈등이 일며 흔들리더라도 멈추지 말고 전진해라. 일어나 도서관으로 가라. 그 수많은 책 중에 너희가 읽은 책이 얼마나 되는지 제목만이라도 확인해 보아라.

물질을 지배하는 삶

생명을 위해 물질을 지배하며 진리로 사람을 통솔하는 삶을 위해 최선을 다해 노력하고 인내해라. 책임져야 할 일이 많아지면 너희의 생각이나 의도와는 상관없이 너희가 평가되고 공격받을 때도 있다. 그때 너희보다 약하고 힘없는 자가 찾아와 용서를 구하기 전에 너희의 역할을 점검해 봐라. 혹 너희가 아닌 동료나 아랫사람의 실수라 할지라도, 실수가 드러나거든 먼저 사과하고 지위나 물리적 힘으로 몰아붙이지 말아라. 그래야 더 큰 잘못을 막을 수 있다. 만약 너희가 가진 소유나 지위가 너희의 잘못을 인정하지 못하게 하고 너희의 실수를 정당화하려 유혹할 때는 담대하게 맞서라. 정직함은 자부심과 존경의 근원이다.

방향

계단을 내려와 보니 가려고 한 방향이 아닌 것 같다. 다시 무거워진 다리를 끌고 계단을 올라가 반대쪽으로 내려가다가 마침 들어오는 차를 탔다. 빈자리가 많아 골라 앉을 수 있었다. 몇 정거장이나 가야 하나 하고 노선표를 보니 반대편 종점을 두 정거장 남겨 두고 있는 버스였다. 방향이 달랐다. 급히 일어나 다음 정거장에서 내렸다. 순간 방향을 잃고 말았다. 문명이 꾸며 놓은 비슷비슷한 세상에 속았다. 지금 있는 곳에서 가고자 하는 방향의 정거장을 확실히 알지 못해서였다. 익숙지 않은 곳일수록 가고자 하는 방향의 다음 정거장을 알아야 하듯, 내가 서 있는 방향이 천국을 찾는 누군가에게 확신을 줄 수 있어야겠다.

배경

"별이 빛나는 것은 어둠이, 꽃이 아름다운 것은 땅이 배경 되어주기 때문인 것처럼, 삶은 누구나 우리가 아닌 다른 누군가의 배경이 되는 거란다."

안도현의 '연어'에서 말하듯이 빛나는 별도, 향기 나는 꽃도 아닌 내 삶의 배경에는 수많은 사랑과 섬김이 밑거름돼 있다. 내가 누군가를 향해 아쉬워하고 분노를 삭이지 못하는 것은 내가 스스로 빛나는 줄 착각해서이다. 누군가의 흔적이 나를 둘러싸고 있는데도 그것이 보이지 않는 것은, 이미 내 마음의 눈이 실명해 버렸기 때문인지도 모른다. 쓴 뿌리가 밀고 올라오는 일이 생길 때마다, 내게 실망하면서도 기꺼이 어둠이 돼 주고, 흙이 돼 주며, 참고 기다려 준 사람들을 떠올리게 된다. 그렇다. 안도현의 말처럼 내가 존재한다는 것, 그것은 나 아닌 것들의 배경이 된다는 뜻이리라.

부족함

넘쳐서 무너지지, 부족해서 무너지는 예는 없지 싶다. 넘친다고 많은 것이 아니며, 부족하다고 적은 것도 아니다. 넘친다는 것은 그릇이 작다는 것이고, 부족하다는 것은 그릇이 크다는 의미도 있다. 그러나 그릇의 크고 작음이 문제도 아니다. 담고 있는 것을 활용하며 순환시키지 않는 것이 문제다. '지나침은 미치지 못함과 같다.'라고 했다. 인간은 조금만 넘치면 곧 교만해지는 약한 존재다. 내 삶에 나머지 에너지가 고여 부패하지 않게 하는 것, 그 건강한 능력을 구해본다.

비슷하지만 다른 사람

많은 사람을 통해 살려는 사람과 여러 사람을 위해 사는 사람, 조직 위에 군림하는 사람과 마음을 움직이는 사람, 군중 동원이 필요한 이벤트와 마음을 시원케 하는 잔치, 경건의 모양을 가진 사람과 경건의 능력으로 사는 사람, 거짓이 진실이 된 사람과 위선을 두려워하는 사람, 자기신념을 신앙처럼 믿는 사람과 십자가만을 바라보는 사람…이렇게 같은 신분으로 비슷한 일을 하지만, 전혀 방향이 다른 사람이 있다.

비전과 소망 1

종이에만 써 내려간 '비전'과 땀과 함께 흐르는 '소망'은 다르다. 종이는 계획이지만 땀은 현장이다. 종이에 쓰인 계획은 자신이 더 열심히 일하며 땀 흘리기보다는, 누군가 땀 흘려주기를 바람이 더 강하고, 자신에게 맡겨진 의무도 책임지지 못하는 경우가 있다. 반면에 자신이 흘린 땀으로 소망의 현장을 만들어 가는 사람은 자신에게 맡겨진 임무를 성실하게 책임지는 것은 물론이며, 많은 사람에게 일할 수 있는 현장을 만들어 줄 수 있다. 오늘도 화려한 비전을 세우고 말하기보다, 지금 맡겨진 일에 최선을 다하며, 진한 땀과 함께 소망을 가꾸어가야겠다.

비전과 소망 2

종이에 쓰인 계획은 세월과 함께 지워지지만, 땀으로 새긴 삶의 반석은 지워지지 않는다. 종이에는 화려한 과정이 그려져 있어도 결과가 불확실하고, 땀은 힘들어 보여도 정직한 결과를 보장한다. 왕의 꿈을 꾸며 생명을 품고 사는 자나 생명을 품는 거룩한 공동체는, '비전'을 선포하며 땀과 함께 흐르는 '소망'을 보여줄 수 있어야 한다.

사각지대

마땅히 보여야 할 곳이 보이지 않는 지점을 사각지대라고 한다. 아무리 아름다운 곳에 있을지라도 사각지대에 갇히면 일부밖에 볼 수 없게 된다. 시각적 사각지대가 있다면, 생각의 사각지대도 있다. 멀쩡한 사람도 생각의 사각지대에 갇히면 한순간에 어리석은 존재가 될 수 있다. 생각의 사각지대는 누리고 있는 기득권에도 있지만, 당하고 있다는 피해의식 속에도 있다. 여러 사회적 갈등의 배경에는 생각의 사각지대에 갇힌 리더가 있다. 삶에서 한 가지 꼭 해야 할 일이 있다면 나를 분노하게 하는 내 생각의 사각지대를 벗어나, 그가 나를 바로 볼 수 있고 내가 그를 바르게 볼 수 있는 곳으로, 시각과 시선을 조금 이동해보는 것이다.

과정의 3요소

모든 과정에는 정해진 시간과 해야 할 일, 그리고 풀어야 할 과제가 있다. 과정을 마쳤다는 것은 정해진 시간 안에 해야 할 일을 다 했지만, 아직 풀지 못한 과제가 하나 남았다는 것이다. 많은 사람이 과정을 함께하지만 대부분은 시간만 보내는 식으로 처신한다. 그 시간 안에 해야 할 일까지 다 마무리한 사람은 많지 않다. 특히 해야 할 일을 잘 완수했을지라도 그 속에서 풀지 못한 또 다른 과제 때문에 다음 과정의 필요를 느끼는 사람은 극소수다. 한 단계라도 그 과정을 완벽하게 마무리한 자는, 설령 다음 과정을 할 수 있는 여건이 여의치 않아 하지 못했을지라도 그 과정의 시간만 채운 사람보다 더 지혜로울 수 있다.

습관

습관이란 무의식적인 행위로, 의지적인 통제가 없으면 고치기 어렵다. 항상 건강한 습관을 연습하고, 너희에게 도움이 되지 않은 습관은 의식적으로 통제해야 한다. 꿈의 성취도 습관의 결과이다.

실패

실패가 절망만은 아니고 성공이 행복만도 아니다. 실패가 주는 교훈에 기쁨이 있고, 성취 속에 함정이 있기 때문이다. 두려워해야 할 것은 교훈을 얻지 못한 실패이고, 유혹을 느끼지 못한 성공이다.

삶의 교훈

인생은 살아온 길을 반복해 다시 살아가는 것이 아니다. 비슷하지만 분명 다른 나머지를 살아가는 것이 삶이다. 영광스러운 과거는 불확실한 미래를 향한 힘이 돼야 하고, 어리석은 과거는 남은 삶의 교훈이 돼야 한다.

시작과 지속

어떤 선한 일을 결단하고 시작하는 것은 어렵다. 그 일을 초지일관의 자세로 끝까지 지속하는 것은 더 어렵다. 일의 시작은 한 사람의 의지와 결단으로 가능하지만, 그 일을 끝까지 지속하는 것은 수많은 사람이 함께해야 그 뜻한바 목적에 이를 수 있기 때문이다. 리더는 일을 시작하는 결단력과 함께 그 일에 참여한 수많은 사람을 추슬러 함께 가는 포용력과 인내심도 있어야 한다. 누군가 시작한 일에 동역자가 됐을 때도 그렇다. 다소 처음 생각한 바와 다른 것을 만났을지라도 적어도 그 선한 일이 중단되게 해서는 안 될 것이다. 선한 일을 시작하지 못하게 하는 것은 악이다. 그 선한 일을 지속하지 못하게 하는 것은 더 교묘한 악의 모습이다.

실수

실수란, 의도하지 않았음에도 누군가에게 결례되고 피해를 주는 행위이다. 그런데 이런 실수를 인정하고 돌이켜 보면 그 속에 중요한 삶의 교훈이 숨어있다. 그래서 자신의 실수에서 교훈을 얻지 못하면 같은 행동을 반복하는 나쁜 습관에 이를 수 있고, 그러한 습관은 그의 본색으로 보일 수 있다. 누구나 실수라고 생각되면 관용을 베풀려 하지만, 본색이라고 여겨지면 그와 거리를 두고 멀리하게 된다. 성숙은 성공에서보다 실수에서 얻은 교훈이 하나둘 쌓여가는 것이다. 실수를 두려워하기보다는 실수에서 교훈을 찾고, 똑같은 어리석은 짓을 반복하지 않으려 노력하자.

약함을 관리해라

안타까운 마음이 드는 사람이 있다. 실수와 허물이 있는 사람이 아니다. 주어진 재능을 성실하게 사용하지 않거나 약함을 보완하려고 노력하지 않는 사람이다. 이는 한 사람 안에 있는 두 모습이다. 그의 재능 때문에 기대를 거두지 못하면서도 여전히 변화되지 않으면 그에게 지치게 되는데, 그때는 이미 거북에게까지 추월당해 추격이 불가할 때가 많다. 자신의 약함을 깨닫지 못하고 겸손하게 섬기는 자세마저 잊어버릴 때는, 오랜 관계도 지속하기 어렵다. 내 약함을 보완하기 위해 힘쓰지 않는 것은 스스로 나를 포기하는 것과 같다.

인기와 인정

인기 있는 사람보다는 인정받는 사람이 되려고 노력해야 한다. 인기는 광대가 돼 상대의 비위를 맞추면 되지만, 인정받기 위해서는 맡은 일에 대한 능력을 입증해야 한다. 능력은 상대를 이기는 것이 아니라 자신의 한계를 극복하는 것이고, 공의를 실천하는 것이며, 경쟁과 시기, 질투를 이겨내는 것이다. 그렇게 되면 인정을 받고자 하는 자의 자리에서 누군가의 능력을 인정해 주는 자의 위치에 설 수 있게 된다. 의례적인 값싼 칭찬에 들떠, 진위를 구별하지 못하고 불의에 맹종하는 어리석음에 빠지지 않도록 늘 자신을 살펴야 한다.

자율

자율은 주어진 경계 안에서 그 경계선 밖을 보고 꿈꾸는 창의적인 생각의 영역이다. 자율에는 내가 책임져야 할 의무와 그 결과를 누릴 권한이 같이 있다. 공동체에서는 지정석과 지정시간에 지정역할을 최선을 다해 충성해야 할 의무와 책임이 있다. 그러나 그 결과에 대한 권한은 나 홀로 누리기보다 공동체의 지정석과 지정시간, 지정역할을 넓혀가기 위해 함께 꿈을 꿔야 건강한 자율이다. 이러한 건강한 공동체가 되려면 먼저 내 자율이 누군가의 자율을 침해해서는 안 된다. 동시에 내가 맡은 역할을 소홀히 해서 누군가에게 피해를 주는 일도 없어야 한다.

역사를 바라보는 시각

긴 역사 속에 되풀이되는 일과 사건들을 입체적으로 보는 시각을 가져야 하며, 그 깊은 곳에 담겨있는 원인을 분석해내는 역량을 갖추도록 노력해야 한다.

레비나스는 '윤리학'은 십계명의 여섯 번째 계명인 '살인하지 말라'에 기초를 두고 있다고 주장한다. 이성을 사용하기 이전에 '타자의 얼굴(face of the Other)'에 나타나는 '성질(alterity)'이나 '타자성(otherness)'으로 믿음이 형성돼, 타자에게 진 도덕적 빚은 결코 갚아질 수 없다고 했다. 그 타자는 무한히 선험적이며 이질적이기에, 그 타자와의 관계는 무한의 관계가 된다는 것이다

배우고 깨달은 결과의 일차적 기쁨은 개인의 것이지만, 그다음부터는 이웃과 사회, 국가 공동체의 공의를 위해서 존재해야 한다. 배움이 개인의 행복에 머무는 순간 창조적인 생각을 할 수 없게 된다. 그래서

진정 배우는 자의 즐거움은 배움의 과정에 있고, 그 결과는 공동체와 공유하는 것이 참 진리를 추구하는 자의 모습이다. 또한, 공유하는 혜택을 누리는 공동체의 범위가 넓고 광범위할수록 인류에 필요한 결과라고 할 수 있다.

문화적 환경이 바뀌어 경험해 보지 않은 일을 해야 하거나 모르는 길을 가야 할 때, 당황스러운 것은 누구나 마찬가지다. 그러나 창조적 도전 정신으로 훈련된 사람은 용기를 내어 주변에 물어보는 것을 부담스러워하지 않는다. 당연히 물어야 함에도 묻지 않는 것은 오만이다. '아는 길도 물어보고 간다.', '돌다리도 두드려보고 간다.'라는 옛 선인들의 지혜가 담긴 말을 가슴에 새겨라. 그렇지 않으면 땀 흘려 수고한 것이 무의미하게 되고, 그 결과를 다른 사람에게 뺏기는 경우가 생길 수 있다.

좋은 친구를 만나려면 문화를 초월할 수 있어야 한다. 문화의 벽 안에서 친구를 찾겠다는 것은 내 마음에 드는 사람만 친구라는 뜻이다. 그러한 관계성은 너희의 사고를 제한해 창조적 세계관을 나눌 수 없게 한다. 하지만 문화의 벽을 뛰어넘어 인격과 인격의 만남이 이루어질 때, 지금 너희가 말하는 친구를 만날 수 있다. 문화의 벽은 극복하는 것이지 피해 가는 것이 아니다.

역사 1

악은 사전에 막는 것이 최선이다. 한 사회나 국가에 하나의 상황이 발생했을 때, 부인하고 감추었다가 나중에 악을 정리하려고 하면 더 복잡한 일들이 발생하고, 사실상 철저한 진상 규명도 불가능하다. 가해자는 여전히 경호를 받으며 살고 있고, 그의 명령에 따랐던 힘없는 부하들은 숨어 살고 있으며, 오히려 피해자들은 누명을 쓰고 악몽에 시달리고 있다.

진상을 규명하자는 것은 보복하자는 것이 아니다. 어쩌면 시원한 진상 규명은 불가능할 수도 있다. 너무 긴 시간 동안 그 악한 영향력 속에서 이득을 누려온 사람이 많기 때문이다. 또한, 그 어떤 위로나 보상도 피해자의 영혼에 새겨진 상처를 지울 수도 없다. 상처 난 영혼들의 바람은 오직 한 가지, 후손에게 물려 줄 역사는 바르게 써 가자는 것이다. 우리가 역사를 배우고 역사 소설을 읽는 이유는, 정의로운 지혜가 악인의 간교함을 이기고, 충신이 배신자로 전락하지 않으며, 인과 덕과 의의 통치가 시기 질투에 빠지지 않는 지혜를 배우고, 그런 나를 준비시키기 위함이다.

역사 2

우리가 어떤 목표를 향해 나아갈 때, 눈에 보이는 적에만 신경을 쓰다 보면 내 안에 적이 있다는 것을 모를 때가 있다. 그러다 눈에 보이는 경쟁 상대가 제거되거나 사라지고 나면, 내 안에 있던 적이 움직이기 시작한다. 수많은 역사의 영웅들이 시대적 쓰임을 받았다가도 악명을 남기는 이유는, 내 안의 적을 제압하지 못해서이다.

이념과 철학

이념이나 철학은 규범이나 법이 아니다. 법과 규범은 준수해야 한다는 당위성이 전제하나, 이념이나 철학은 누군가의 잠재능력을 일깨운다. 영적 리더들은 자신의 경험담을 지나치게 강조하거나 조직통제를 위한 규범을 내세우기보다, 삶의 현장의 다양한 사건들 속에서 교훈을 깨닫고 그것을 철학으로 정립해 나눠야 한다. 그 생각과 철학 속에 숨겨진 가치관을 통해 내가 살아갈 길의 지혜를 배울 때, 비전과 계획 속에서 성숙한 삶을 살아갈 힘을 얻을 수 있다. 어린아이들에게는 보이는 가르침이 필요하지만, 지혜로운 자는 이념이나 철학 속에서 그의 함축된 경험을 이해하고 자기 삶에 적용해 나갈 것이다.

개혁 1

개혁은 불의한 기득권을 포기하는 것이다. 그래서 조직적으로 기득권을 누려오던 곳에 들어가 그 기득권을 포기하고 공의를 세우겠다는 것은, 개인적인 손해를 감수하겠다는 것이다. 개혁은 권위가 주어진 한 사람의 의지적 결단으로 시작하지만, 그 성공 여부는 소속된 모든 공동체가 함께 힘을 모아줘야 가능한 일이다. 특별히 그동안 불의한 기득권을 누려오다 그 자리에서 물러난 무리는, 과거가 들통 나는 게 두려워 개혁의 발목을 붙잡는 어리석은 행동을 할 수가 있다. 그 충동을 절제하는 것이 자신에게 더 부끄러워지지 않게 하는 것이며, 함께 개혁에 동참하는 길이다. 또 개혁의 사명과 책임을 부여받은 자들은 과거 상처가 공의적 판단에 영향을 미치지 않도록 조심해야 한다. 그럴 때 군중은 이 개혁을 신뢰하고 인내하며 응원할 것이다.

개혁 2

개혁은 새로운 일을 하자는 것이 아니다. 한 개인의 이기심에 막혀 지키고 실행하지 못한 질서와 공의를 실천하자는 것이다. 한 개인의 이기심 때문에 공의가 세워지지 않는 사회에서, 인권은 돈과 권력에 귀속돼 있어 인간의 존엄성을 보호받을 수 없다. 개혁은 인적 청산으로부터 시작된다. 문제는 불의한 관계일수록 의리가 더 끈끈해, 이기심의 핵심인물을 찾아 정리하기가 어렵다는 것이다. 거기에 믿음과 은혜라는 종교의 관계가 더해지면, 개혁의 대상이 도리어 개혁을 외치는 기이한 현상이 나타난다. 세상이 나를 청산의 대상으로 삼기 전에, 내가 먼저 공의를 실천하는 하나님의 사람이 돼야 한다.

위대한 삶

위대한 삶은 역사에 기념될만한 큰 업적을 남기는 것이 아니다. 그동 안의 역사가 끊이지 않도록 생명을 낳아 기르며, 생명의 존엄을 깨닫는 것이다. 그 가장 평범한 삶이 인류를 이어 온 가장 위대한 역사였다. 모 든 계획의 우선순위가 생명이 되는 꿈을 꾸어라.

좁은 길

넓은 길에는 돈과 명예와 영광이 가득하다. 그러면 좁은 길에는 돈도 명예도 영광도 없이 가난하고 초라한 것일까? 아니다. 좁은 길에도 다 있다. 넓은 길에서는 내가 모든 돈과 명예와 영광의 주인이면서도 그 돈과 명예의 통치와 지배 속에 살아갈 뿐이고, 좁은 길에서는 내 돈과 명예와 영광이 하나님의 통치 아래서 하나님의 영광을 위해 쓰임을 받 는다는 차이가 있다. 좋아서 하는 일에 열정을 가지고 최선을 다하는 것은 중요하고 멋있는 모습이다. 하지만 좋아하는 일이 마땅히 해야 할 일을 소홀히 하게 한다면 그것은 깊이 생각해보아야 한다. 삶은 좋 아하는 일만 하면서 사는 것이 아니라, 의무와 책임을 지고 살아가는 것이기 때문이다.

진실과 거짓

부패한 인간은 본능적으로 진실보다 거짓에 더 관심이 많은 존재다. 그러다 보니 진실을 이해하고 깨닫기 위해 고민하고 노력하기보다는 헛소문에 더 귀를 기울인다. 진실을 인정하고 정의의 편에 서기보다, 불의에 동조해 선의 약함에 꼬리를 물고 늘어지는 것을 택한다. 옳은 것을 알면서도 불의한 자들이 가진 기득권에 해를 당하지 않을까 두려워 침묵하므로, 오히려 불의의 기를 더 세워준다. 진실을 말하면 살그머니 숨은 채 자신의 불의를 덮으려 한다. 그리고 거짓 선동에는 의인이 돼 선의 아픔을 심판하는 일에 열을 낸다. 불의한 자는 불의한 리더를 원한다. 그래서 국가나 교회는 그들이 속한 구성원들의 수준만큼만 공의롭고 거룩해질 수 있다.

여행 1

여행은 보고 듣고 생각하고 메모하는 것이다. 요즘은 SNS의 발달로 그때그때 나누기도 한다. 그런데 여행을 즐기려면 욕심은 금물이다. 제한된 시간과 적은 경비로, 원하는 것을 다 경험해 볼 수는 없기 때문이다. 그래서 여행은 선택과 집중이 필요하다. 나 같은 경우 시간과 감정을 투자해 이삼십 분 훑어보고 서둘러 이동하는 여행보다는, 소소한 일상일지라도 좀 들여다보고 느껴보는 것이 좋다. 그렇지 않으면 여행은 화려한 유혹만 남기고 현실로 돌아서는 것이지 싶다. 다람쥐 쳇바

퀴 돌듯 보이지만 삶의 지정석과 일상이 있는 곳. 돌아갈 본향과 그 나라가 있다는 것이 감사하다.

여행 2

여행은 일상의 구속에서 잠시 떠나는 것이다. 일상이 지루해지기 시작하면 업무효율이 떨어지고 감정의 굴곡도 심해져, 생각지 못한 일이 발생할 수 있기 때문이다. 그렇다고 여행의 과정이 마냥 편안하고 즐거운 것만은 아니다. 구속된 일상에서 떠났음에도 여전히 낯선 사람과 환경과 시간은 이어진다. 낯선 사람과 환경을 편히 받아들이면 불편했던 마음이 치유되고 해방감도 맛볼 수 있겠지만, 낯섦을 낯설어하고 부담을 느낀다면 여행이 오히려 독이 될 수도 있다.

착각

'믿음'이라는 이름을
'믿음의 대상에 대해 순종함'이라는 것으로 깨닫지 못하면,
행함이 없는 게으름을 당연하게 여긴다.
'은혜'라는 이름을
은혜를 베푸는 자로 성숙하라는 동기로 이끌지 못하면,
동정에 의존하는 삶이 부끄러운 줄 모르고 익숙해진다.

'사랑'이라는 이름 앞에서

내 어리석음과 죄를 깨닫지 못하면,

아주 무례한 자로 변질될 수 있다.

믿음, 은혜, 사랑은 바른 수고와 노력을 더욱 채찍하고 그것을 공로로 여기지 않는다는 공통점이 있다.

참사랑

아빠나 엄마, 선생님의 훈계 속에서 사랑이 느껴지지 않는다고 불평하거나 방황하지 말고 두려워하지도 말아라. 사랑이 느껴지지 않는다고 그 사랑이 흐르지 않는 것이 아니다. 사랑을 기대하면 훈계가 불편한 간섭이 돼 순종하기가 더 어렵다. 훈계 속에 있는 사랑은 자신이 해온 순종의 결과를 거둘 때쯤에서야 느낄 수 있는 신비한 힘이 있다. 어쩌면 지금 사랑처럼 느끼고 있는 것은 훗날 후회가 되는 유혹일지도 모른다. 참사랑은 이해되지 않아도 묵묵히 순종하는 순종 속에 쌓이고 성숙해 가는 것이다. 그 사랑은 훗날 너희가 누군가의 순종의 대상이 됐을 때, 너희가 순종해왔던 훈계와 함께 때로는 감사로, 때로는 아픔으로 가슴을 적시는 것이다.

총대를 멘 자

영적 갈등은 아무리 동기가 옳을지라도, 극복해 가는 과정에서 지혜롭게 대처하지 못하면 스스로 자멸할 수 있다. 처음 뜻을 지키지 못하고 지리멸렬해 가는 의의 분열을 지켜보며 안타까워하는 사람은 많아도, 선뜻 나서서 그들을 다시 결집하려 총대를 메는 자는 드물다. 형제끼리 싸우는 모습을 보면서도 말리기는커녕 주판알을 굴리며 은근히 즐기려 하고, 진리를 알면서도 말하지 않으며, 선인 줄 알면서도 선뜻 함께하지 못하는 것은 그의 뿌리의 한 부분은 악과 동맹하고 있기 때문이다. 그러함에도 많은 비난을 감수하면서 그 복잡한 갈등의 현장에 총대를 메고 뛰어들어, 최선을 다해 선과 진리를 지키려고 노력하는 자들이 있다. 적극적으로 나서서 그를 응원하지는 못할지라도, 최소한 악의적 비난으로 방해하지는 말아야 할 것이다.

축복받은 자가 되려면

너희가 하는 일이 모두에게 축복받고 자랑스러운 일이 되려면, 먼저 너희가 속한 공동체 식구들과 의논해야 한다. 설령 동의를 얻지 못하더라도 꼭 먼저 말해야 한다. 아무리 좋은 계획일지라도 가족과 상의 없이 진행하는 일은 선한 일이 될 수 없고, 그런 일은 의도하지 않았을지라도 공동체를 음해하는 자기모순에 빠지게 된다. 순간의 감정 표현을 나무랄 수는 없지만, 밖에서 모든 걸 계획하고 진행한 후에 통보 아닌 통보를 하고도 공동체가 이해해야 한다는 것은 자가당착이며 무례이다. 어쩌다 일이 그렇게 되었을지라도 다른 지체들을 찾아가 피해자처럼 동정을 요구하는 어리석은 짓은 절대로 해서는 안 되며, 그런 자에게 속지 않는 것이 지혜다.

chapter 5.

성숙한 삶을 위해

침착함

예전에 분주한 일을 마치고 좀 긴 시간을 할애해 '스타킹'이란 프로를 본 적이 있다. 시청 목적은 어떤 한 분야에서 탁월함을 발휘하는 사람들의 특징을 알고 싶어서였다. 내가 모든 출연자에게서 발견한 한 가지 동일성은 '침착함'이었다. 침착함은 '집중'으로 가는 길이며, 얼마만큼 집중할 수 있느냐가 그 사람의 능력이라고 생각한다. 침착함은 자신을 다스리는 힘이기 때문이다.

칭찬과 격려

해야 할 일을 잘 하고 있거나 무난히 마무리했을 때, 그 노력과 수고를 인정해 주는 것이 칭찬이다. 이런 칭찬 속에는 더 잘 하라는 격려가 담겨있다. 의도하지 않은 실수에 책임을 묻지 않고 만회할 기회를 주는 것은 격려다. 그러나 이런 격려를 칭찬으로 오해하면 변화하기 어렵다. 칭찬하고 격려하는 자는 이를 구분해서 말해주지 않기 때문이다. 듣고 받는 자가 스스로 지혜롭게 판단해 자기 변화와 성숙의 계기로 삼아야 한다. 칭찬에 익숙해진다는 것은 교만해지고 있다는 것이고, 반복된 격려를 바라는 것은 여전히 문제를 바르게 인식하지 못하고 있다는 증거다.

탁월과 겸손

약함을 다스리지 못해 당하는 어려움이 있는가 하면, 주신 탁월함을 겸손하게 관리하지 못해 만나는 화가 있다. 탁월함은 상대적 약함과 비교되는 것으로, 자랑의 조건이 아니라 겸손해야 하는 이유다. 우리는 모두 서로를 다른 사람과 비교하고 평가하는 것이 아니라, 하나님 앞에 서야 하는 존재이기 때문이다. 탁월함은 연약한 자의 약함을 보충하라고 주신 것이다. 약한 자 위에 군림하고 통치하는 대신, 짐을 서로 지고 사랑의 법을 성취하라는 은혜의 도구이다.

트라우마

사랑은 부지런하고 성실한 사람만 받을 수 있는 게 아니다. 게으르고 불의하고 악한 자도 마땅히 사랑을 받아야 한다. 잘하는 사람에게 베푼 사랑이 격려이고 응원이라면, 잘못하고 있는 사람에게 베푼 사랑은 돌이키라는 훈계이고 경고이다. 그러다 그 사랑의 의미를 잘못 이해하면 직접 훈계를 하기도 하는데, 어리석은 자는 이것을 상처라며 동정을 호소하고 분위기를 흐리려 한다. 그리고 인간의 감정은 이런 값싼 사랑에 익숙하다. 트라우마는, 사랑을 베풀었던 자가 그 사랑을 받았던 자의 반항으로 인해 동일한 사랑을 지속할 수 없게 되는 마음의 외상이다.

편안함과 편리함

인간이 추구하는 편리함과 편안함의 한계는 가름하기 어렵다. 편리하고 편안하게 살고 싶은 마음을 충족시키려는 것이 욕심이고, 욕심을 잉태하면 죄가 될 수밖에 없는 이유다. 내가 불편을 감수하면 누군가는 편안함을 얻겠지만, 내가 편리함을 고집하면 누군가는 불편해진다. 삶이 힘들다고 느껴질 때는 누군가를 위해 작아지는 불편한 사랑을 실천해보자.

한마음

두 마음을 품지 말고 오직 한마음으로, 지금 하는 일에 모든 뜻과 정성과 능력을 다해라. 지금 있는 자리를 다른 자리를 찾기 위한 임시방편의 자리로 생각지 말고, 이곳이 내 뼈를 묻어야 할 자리처럼 최선을 다해 살아라. 나를 드러내려고 하지 말고, 주인과 그곳의 부족한 것을 보충하며 사는 것을 기뻐해라. 꿈을 가졌으면 의심치 말고 주님의 때를 기다리되, 지금 이곳이 바로 그 꿈의 현장이라고 믿으며 영육의 에너지를 아낌없이 바쳐 충성해라.

훈련소

훈련소는 앞으로 긴 시간 동안 해야 할 일을 위해, 짧은 시간 동안 꼭 필요한 기초 교육을 받는 곳이다. 그러므로 훈련소는 연습 장소이지 실전 장소가 아니다. 치앙마이는 삶의 훈련소라는 생각이 든다. 나는 다양한 나라와 여러 층의 사람들이 오가며 보여주는 모습을 통해 삶의 교훈을 얻었다. 영적으로도 여러 종류의 단기 팀들이 찾아와 많은 사랑을 쏟고 간다. 많은 사랑을 받고 있다는 것은 사랑받을 일을 한다는 것이기도 하다. 하지만 사랑은 주고받는 자 모두 성숙을 향해 변해야 한다는 사명이 있다. 복음을 전하는 선교사와 단기 팀은 물론이고 저들의 사랑을 받는 영혼도 포함하는 말이다. 단기선교를 오셨던 한 권사님이 물었을 때 나는 이렇게 대답했다.

"이 땅은 긴 시간 이렇게 많은 전도자가 있었는데, 왜 이리 믿는 자가 적을까요?"

"아마도 이렇게 전하고 살면 복음은 전해지기 어렵다는 것을 가르치는 훈련소가 아닐까요!"

흔들리지 않는 가지가 없고, 깨물어 아프지 않은 손가락도 없다. 벽이 없는 시작이 없고, 눈물 없는 기쁨도 없다. 한계를 만나지 않고 태어난 지혜가 없고, 갈등의 극복 없는 성숙도 없다. 그래서 하나님은 오늘도 우리에게 흔들리는 가지와 아픔을 느끼는 손가락, 벽과 갈등의 순간을 선물해 주셨나 보다.

힘이란

세상을 살아가기 위해서는 힘이 필요하다. 육체적인 힘은 물론이고 정신적인 내공이 있어야 한다. 이러한 힘은 돈으로 살 수 없고, 지식으로 얻어지는 것도 아니며, 하루아침에 만들어질 수도 없다. 오직 순종을 통해 차곡차곡 쌓여간다. 그 순종은 이해돼서 하는 것이 아니고, 익숙한 것이기에 하는 것도 아니다. 인내가 필요한 순종이고, 그 인내의 대상은 자기 자신이다. 그렇게 길러진 힘은 누군가를 통치하는 데 사용하는 것이 아니라, 자기 욕망을 통제하는 데 사용해야 한다. 자기 욕망을 통제하는 힘이 가장 위대한 힘이다. 그러면 공의가 세워지고 생명이 살아난다. 힘이 없는 자가 힘을 주는 것이 자랑이라면, 가진 힘으로 자기를 통제하는 것은 겸손이다.

감정

괜히 초조하고 민감해지는 날이 있다. 급한 마음에 상황을 바르게 보고 판단할 수 없을 때가 있다. 어쩌다 일어난 일인데 매일 그랬던 것처럼 보이고, 늘 그랬었는데 오늘이 유독 그런 것 같다고 느껴지는 날이 있다. 사실일 수도 있지만 내 안에 정리되지 않은 굴곡 된 감정이 예민하게 반응하는 날이어서일 수도 있다. 이런 날은 더욱 의지적으로 말을 절제하고 표정도 밝게 하려고 노력한다. 그렇지 않으면 크게 실수한다는 것을 경험을 통해 알았기 때문이다.

감정과 이성

감정은 파도와 같아 잔잔한 호수처럼 평화와 낭만이 있는 쉼을 주기도 하지만, 가끔 사나운 파도로 돌변해 나와 이웃을 덮칠 때도 있다. 감사하게도 내 안에는 하나님의 지혜에 의존한 이성의 방파제가 있어서, 그 거친 폭풍을 내 안에 가두어 둘 수 있었다. 모든 것이 은혜이다. 가끔 통제되지 않는 분노의 물보라가 방파제를 넘어와 나와 이웃을 덮치는 순간도 있지만, 이성은 감정을 통제하려 하고 감정도 이성에게 귀 기울이려 하니 천만다행이다. 쉬이 사라지지 않는 부패한 감정의 이기적인 굴레로부터 자유하고, 내 이성이 하나님의 지혜를 의존해 공의로운 판단을 내릴 때 얻어지는 평안의 은혜를 구해본다.

감정 처리

지난 한국 방문 중 중요한 기관의 행정책임자로 오랫동안 일하고 있는 친구를 만났다. 언제 어떤 모습으로 만나도 반갑고 어떤 이야기를 해도 마음 편한 친구이다. 함께 점심을 먹으며 그동안 있었던 일을 이야기하던 중 친구가 이런 말을 했다.

"어이, 내가 말이야, 그때 감정을 절제하지 못하고 말한 것이 조금 아쉽네. 그 정도 사람에게는 감정을 낭비할 필요가 없었는데…."

불의하게 누명을 씌우려는 상대에게 조목조목 진실을 말해가던 중, 너무 기가 막혀 순간 자기의 답변에 감정이 실렸다는 것이다. 그러나 나는 이 이야기를 사랑하는 친구가 내게 해주는 지혜로운 충고로 받아들였다. 내가 늘 그랬으니 말이다. 바뀌지 않을 악에 대해 감정적으로 대항하는 것은 어리석은 에너지 낭비이다. 그 찰나의 지혜를 구하자.

거절의 미학

태국에서 호텔 체크인을 할 때이다. 일정상 내일 아침을 먹지 못하고 가게 됐는데 혹시 삶은 달걀 두 개씩을 싸 갈 수 있겠느냐고 물었더니 그러라고 했다. 아침 6시, 식당 종업원은 내용을 알아보지도 않고 퉁명스럽게 "마이다이(안 돼요!)" 한다. "제 권한이 아니니 윗분에게 말씀드려볼게요.", "사전 약속이 돼 있는지요. 좀 어려울 것 같습니다." 등 얼마든지 부드러운 부정사가 많은데, "마이다이" 하고 잘라 말하는 태국인이 많다. 합리적 타협을 불가능하게 하는 이런 언어 습관의 배경에는, 단발성으로 만나는 관광객을 대하는 관광문화가 급속히 팽창한 분위기도 한몫했다고 본다. 책임 없이 편안함만을 추구하는 이기적인 마음이다. 아름다운 거절은 다음을 기약하는 약속이 될 수 있다.

거짓과 자랑

거짓말과 자랑에는 두 가지 공통분모가 있다. 하나는 그 내용을 아는 대상에게는 하지 못하고 불특정 다수에게 한다는 것이다. 그 내용과 상황을 모르거나 무관한 대상에게 해야 먹히는 것이지, 조금이라도 사실을 알고 있는 사람에게는 통하지 않기 때문이다. 다른 하나는 거듭될수록 자극적으로 덧붙여지면서 점점 진실과는 멀어지게 된다는 것이다. 그러다 어느 순간 그 거짓과 자랑을 자기 실체인양 착각하게 되고 믿게 된다. 그런데 이런 거짓과 자랑이 일정 기간 한 사회의 여론을 장악할 수 있는 것은, 죄로 부패한 모든 인간 안에 거짓과 자랑의 DNA가 존재하기 때문이다. 우리가 예수 안에서 늘 깨어 있어야 할 이유는, 스스로 거짓말과 자랑을 하든지, 그 거짓과 자랑에 빠져 살면서 진실과는 점점 멀어지든지 둘 중 하나에 눈먼 사람이 될까 두렵기 때문이다.

기초의 차이

입대를 사흘 앞둔 둘째를 만나 함께 개그콘서트를 볼 때다. 나는 코너가 바뀔 때마다 잠시 드럼 연주자를 보며 물었다.

"저 사람 드럼 잘 치니?"

"그럼요."

"너도 드럼을 좀 치는데 너와 저 사람의 차이는 뭐니?"

"기초지요!"

망설임 없이 바로 대답하는 둘째의 모습에 자기가 지나온 삶에 대한 회상이 보인다. 오늘의 실력은 기초과정에 투자한 정직한 결과다. 동일한 과정을 경험해 보지 않은 사람은 기초의 차이를 느낄 수 없다. 그래서 기초의 차이를 느낀다는 것은 성숙해졌다는 것이다. 삶의 차이는 기초의 차이다. 지나온 그 차이를 인정하고 지금 주어진 일의 과정을 성실하게 해 간다면, 어느 날 분명 달라져 있는 내 삶의 모습을 볼 수 있을 것이다.

기획과 계획

기획은 일의 이념과 철학을 담은 거시적이고 포괄적인 것으로, 주로 리더 그룹에서 세우는 것이라면 계획은 기획안의 특성을 따라 부분적 일을 진행해 결과를 만들어 내는 것이다. 회사의 신입사원이나 공동체의 새로운 지체들에게는 기획에 참여할 기회보다는, 계획 속에서 기획의 결과를 만들어내는 부분적인 일이 맡겨진다.

그때 전체적인 방향과 철학을 이해하지 못하고 개별적인 일의 성과에만 눈이 먼다면, 내가 원해서 온 곳이라고 해도 자칫 포기하고 싶은 유혹에 빠질 수 있다. 단순히 물건의 품질이나 사역의 우수성으로 고객을 설득하기보다는, 기획 속에 들어있는 이념과 철학으로 이해시킬 때라야 사람의 마음을 얻는다는 걸 알 수 있다. 나이에 따라 사회적 책임이 다르니, 책임의 영역에 따라 지식과 경험도 넓어지고 깊어져야 한다. 그 단계의 충분한 경험이 없는데도 다음 단계에 필요한 자격증만 준비하면 더 좋은 기회가 주어질 거라 기대하는 것은 교만이고 게으름이다.

건강한 꿈은 오늘을 바탕으로 다음 단계에 필요한 지식을 쌓고, 또 그 능력을 적용하며 일할 수 있는 적당한 현장에서 성실한 삶으로 다음을 준비하는 것이다. 경험과 스펙이 많아지고 지적 단계가 높아질수록 더욱 겸손해져야 한다. 직위가 높아져도 평사원의 일이 일상화 돼야 하고, 박사가 돼도 지적 호기심과 탐구에 대한 열정이 식지 않아야 한다. 직위가 높아진다는 것은 나를 섬기는 사람이 많아진다기보다 내가 섬겨야 할 사람이 많아진 거고, 박사가 됐다는 것은 내가 모르는 분야가 더 많아졌다는 뜻이다.

불편과 잠재능력

가끔은 익숙한 환경이나 또 잘 아는 사람들과 좀 떨어져 있고 싶다는 생각이 들 때가 있다. 새로운 환경이나 나를 모르는 사람이 있는 곳에 가면 좀 자유로울 거라는 생각에서다. 그러나 삶의 불편은 친밀도에 따라 정도의 차이가 있을 뿐, 어디에나 있고 누구에게서나 느껴지게 마련이다. 익숙한 환경과 가까운 사람들로부터 받은 불편은 나를 성숙하게 할 것이고, 낯선 사람과 환경에서 오는 불편은 나의 잠재능력을 깨워줄 것이다.

사과와 용서

인간관계에서 발생하는 갈등에서 일방적인 경우는 거의 없다. 크든 작든 동기를 제공한 자가 있고, 이를 소화하지 못하고 결과를 만든 자가 있다. 갈등이 화해로 나가려면 먼저 손을 내미는 자가 있어야 하고, 상대는 그 손을 잡아주어야 한다. 아무리 속상해도 상대가 나로 인해 상처받았다면 나도 함께 용서를 빌어야 한다. 동기 제공자가 결과만 말하고 결과 제공자가 동기만 탓한다면 진정한 화해를 이루기 어렵다. 오히려 새로운 갈등의 동기를 만들게 될 뿐이다. 또 상하 관계나 돈의 힘을 앞세운다면, 일방적으로 한쪽의 입장만 대변하는 오류에 빠질 수 있다. 용서를 주고받는 것은 주종관계나 도움을 주고받는 관계를 떠나, 서로를 인격적 존재로 대할 때 가능하다.

난 두려움이 있다

잘 보이려고 하기보다 바르게 하려고 하는지, 많은 일을 하기보다 필요한 일을 하는지, 하고 싶은 일을 하기보다 질서에 순종하고 있는지, 내 생각이 옳은지 내 판단이 그른지 가끔 난 두려울 때가 있다. 이런 두려움 때문에 더욱 주님을 찾게 되고 의지하려는 마음이 생기니 감사하다.

당당한 청구

원하는 것을 얻고 싶다면 합당한 이유를 가지고 정당한 절차를 따르되, 상대가 공의를 지킬 수 있는 대책을 가지고 요청해야 한다. 리더십이 지켜지면서 내 요구까지 이루어지게 하려면 한 가지 대책이 필요하다. 그것은 모두가 인정할 수 있는 자기희생이다. 자기희생 없이 원하는 것을 얻으려는 것은 도둑보다도 못한 인생이다. 공짜를 은혜로 여기는 어리석은 부류를 조심해라. 희생을 약속하고 시작한 일은, 어떠한 상황에서도 도중에 포기하지 말고 깔끔하게 마무리까지 해야 한다는 것을 잊지 말아라.

매보다 아픈 찔림

매로 맞는 일이 아닌, 말에 맞을 때 아파하고 부끄러워할 줄 아는 사람이 돼야 한다. 누군가 너희에게 관심을 가지고 교훈을 주고 권면할 때는, 다소 어려워 이해가 안 되더라도 관심 있는 표정으로 집중해 듣도록 해라. 또 여러 사람이 하나의 목적을 가지고 일정 기간 함께 움직일 때는 의지적으로 인솔자에게 순종해야 하며, 어떤 만남이든지 끝마무리에는 수고해 준 분에게 마음을 담은 정중한 감사가 있어야 한다. 그러면 사람을 얻게 된다. 삶의 자산 중 으뜸은 사람이다.

몽니

몽니는 바르지 않은 기준이나 조건으로 발전적인 제안을 거절하고 압박하며 트집과 심술을 부리는 것이다. 몽니를 부리는 배경에는 기득권에 취해 깨어나지 못하는 악이 있고, 그에 동조하는 집단이기주의가 있다. 어느 사회나 이런 집단이기주의는 있게 마련이지만, 전체 공동체에 미치는 영향은 아랑곳없이 훼방하고 고집을 부리는 것은 사회악을 조장한다. 사회악은 특정 집단의 기득권을 우선하는 이기심이고, 떳떳하지 못한 방법으로 판을 깨기 위한 몽니다. 반면 상대의 약점을 보완해 주려는 몽니는 사랑스럽다. 나와 상관없어 보이지만 내가 속한 큰 집단의 유익을 위해, 당장 피부로 접촉하며 사는 집단의 불편과 손해를 감내할 줄 아는 성숙한 시민의식이 그렇다.

부담스러운 일

가까운 사이가 꼬이고 뒤틀린 경우가 있다. 여러 이유 중에서 상대의 약함을 알려주고 보충해 주려다 발생하는 경우는 참 당황스럽다. 사랑하는 사이일수록 상대의 장점을 칭찬해 주기보다 단점을 말해주는 것이 더 부담스러운 이유이다. 자연스러운 기회에 최대한 예의를 갖추어 이야기해도 받아들여지지 않을 때가 있으니 정답이 없는 문제 중 하나이다. 삶에서 명확한 정답이 없는 문제의 열쇠는 내 안에 있다. 누군가 내게 그런 사랑을 베풀 때, 내 추측성 감정이 아닌 있는 그대로를 받아들여 나를 성숙시켜야 한다.

전쟁

전쟁에서 승리했다는 것은 기득권을 지켜갈 수 있다는 것이고, 패했다는 것은 승자의 기득권에 굴복하게 됐다는 것이다. 영원한 부귀영화도 없거니와, 마음을 살 수 없는 승리는 승리가 아니며, 마음을 굴복하지 않은 굴복은 패한 것도 아니다. 그래서 무력 충돌에는 남는 게 아무것도 없다. 알량한 기득권을 유지해갈 힘마저 재로 변해 버리기 때문이다. 그래도 전쟁을 부추기는 것은 여기에 감정을 빼앗긴 어리석은 자가 있다는 증거이다. 결국, 전쟁은 이런 감정에 빠진 자신과 하는 셈이다.

절망

절망은 내 안에 내가 뜻하는 바를 이룰 힘이 다 고갈되고 없다는 것이다. 절망에는 내 뜻과 욕망을 이루지 못해서 오는 어린아이 같은 절망이 있고, 하나님의 뜻을 이루려고 최선을 다하다가 죄의 유혹에 무너진 채 인간의 한계를 만났을 때 느끼는 성숙한 절망이 있다. 내 뜻을 이루지 못해서 오는 절망은 세상을 비관하거나 옳지 않은 방법으로라도 목적한 바를 이루려다가 점점 악해지는 어리석음에 빠지지만, 하나님의 뜻에 순종하려다가 느끼는 절망은 은혜가 아니면 나는 아무것도 할 수 없는 존재라는 것을 깨닫게 되고, 더욱 하나님만 의지하며 겸손하게 살려고 노력하게 한다.

절망의 극복

절망이 밀려올 때는 진정 정복하기 어려운 벽에서 오는 것인지, 준비되지 않아 피하고 싶은 벽인지 냉철하게 살펴야 한다. 정복하기가 불가능한 벽이거든 왜 그것에 도전했는지 생각해보고, 욕심이었거든 버려야 한다. 반면에 사명이 있는 벽이라면 택해야 하고, 꼭 극복해야 할 벽이거든 인내하며 부족한 힘을 길러야 한다. 도전하기 전에 피하려 했다면 성실하게 준비하지 않고 게을렀던 자신을 인정하고 다시 시작해야 한다. 너희의 불순종과 게으름으로 인한 무능을 환경이나 남의 탓으로 핑계하지 않도록 조심해라. 누군가 너희가 절망을 극복해 가는 모습을 보고, 그도 절망을 이겨냈다고 말할 수 있도록 성실한 삶을 살아가길 기도한다.

절박함

절박함은 능력이 부족해서가 아니고 시간을 바르게 사용하지 못해서 당하는 불안감이다. 그래서 본의 아닌 실수나 비굴한 모습을 만들어 내기도 한다. 그것은 삶의 우선순위를 바꾸어 살아왔다는 증거이기도 하다.

절제

가끔은 입을 여는 것마저 힘들 때가 있다. 아무 데라도 앉으면 그냥 그대로 쓰러져 누워 버릴 것 같을 때가 있다. 힘들다고 느끼는 것은 아직 마무리하지 못한 일이 있다는 것이고, 했던 일의 결과도 시원치 않기 때문일 수 있다. 또한, 내 기대가 너무 크기 때문일 수 있고, 너무 큰 기대를 받고 있어서일 수도 있다. 예의상 주고받는 칭찬보다 차라리 욕을 좀 먹는 게 더 편할 때가 있고, 무의미한 환호보다 홀로 깊은 묵상을 통해 고독을 감내하는 것이 더 자랑스러울 때가 있다.

해야 할 일과 하고 싶은 일 1

삶에는 하고 싶은 일과 해야 할 일이 있다. 하고 싶은 일이 삶의 선택이라면 해야 할 일은 삶의 의무이고 책임인데도, 사람들은 하고 싶은 일만 하며 살기 원한다. 하고 싶은 일을 하루에 몇 시간씩, 몇 년을 해도 지겹지 않고 여전히 성실한 자세로 할 수 있다면 그 일은 하나님의 특별한 소명이니 꼭 그 길을 가야 한다. 하지만 하고 싶어 시작했는데 몇 시간도 지속할 수 없고 며칠만 지나면 마음이 바뀌는 일은 너희의 게으름과 약한 의지를 유혹하는 악이다. 유혹을 당한다는 것은 해야 할 일에 대한 집중이 흐려졌다는 것이다. 흔들리는 인간을 붙잡아 줄 수 있는 것은 오직 하나님 앞에 선 그 자신뿐이다. 혹시 해야 할 일과 하고 싶은 일 사이에서 갈등하고 있다면, 너희의 수고와 땀으로 지금 너희가 해야 할 일의 벽을 한 번 넘어서 봐라. 분명히 새로운 힘을 만날 수 있을 것이다.

해야 할 일과 하고 싶은 일 2

혹시 편하면서도 인정받으며, 원하는 것을 누리는 것이 가능하다는 꿈을 꾸고 있는가. 지금 하는 일에 성실하지 못하다는 증거다. 헛된 꿈에서 빨리 깨어나 지금 꼭 해야 하는 그 일에 매진해야 한다. 누구에게나 해야 할 일이 있고, 하고 싶은 일이 있으며, 하기 싫은 일이 있다. 만약 하고 싶은 일이 고독을 이겨내야만 성취 가능한 일이라면, 주변 상황이나 환경에 흔들리지 말고 인내하며 그 길을 가라. 돈으로 살 수 없는 값진 경험이 될 것이다.

내가 하기 싫은 일은 남들도 하기 싫다. 내가 하고 싶은 일을 하며 세상을 멋있게 살고 싶다면, 내가 하기 싫은 일을 하며 몇 배 더 집중하고 노력해야 한다. 합당한 노력 없이 되는 일은 없다. 행복은 목표를 향해 가는 과정과 그 결과에 책임과 의무를 공의롭게 실천하는 길에 있기 때문이다. 최선을 다했지만 원하는 결과를 얻지 못했을지라도, 쉽게 좌절하거나 포기하지 않고 다시 일어나 도전해라. 의지와 인내라는 합당한 노력 속에 행복이 있다는 것을 잊지 말아라. 그러면 그런 너희를 바라보는 자들도 힘을 얻을 것이다.

긍정의 습관을 위해

무슨 일을 시키거나 부탁할 때 먼저 부정부터 하고 보는 습관을 지닌 자가 있다. 선명한 꿈을 가지려거든 그 습관을 이겨내야 한다. 부모를 비롯해 순종해야 할 위계질서 안에서 내려진 일에 대해, "못해요. 할 수 없어요. 안 돼요."라는 말부터 하지 말아라. 충분히 가능하므로 너희에게 그 일을 요구했을 테니, 먼저 밝은 표정으로 "예"라고 대답한 후 침착하게 그 일의 의미와 방법을 생각해라. 관계된 자료들을 찾아 읽고 정리하다 보면 답을 찾을 수 있을 것이다.

경험해 보지 않은 일일지라도 아직 개발되지 않은 너희의 잠재능력을 보고 맡긴 일이라 믿고 담대하게 도전해라. 잘할 수 있는 일이라 생각되거든 더욱 넓고 깊게 살피고 신중하게 접근해야 한다. 만족스럽지 못할지라도 약속된 기간 안에 결과를 만들어 보는 것이 중요하다. 거절당해도 자존심 상해하거나 부끄러워할 것 없다. 더욱 집중해 부족한 부분을 찾아 보충한 후 다시 보고하는 일에 담대해라. 좋은 결과를 얻었거든 그때도 긴장을 늦추지 말고 감사하며, 더욱 겸손한 자세로 단계를 높여 도전하기를 반복해라. 그 속에 너희 꿈도 무르익어 갈 것이다.

chapter 6.

하나님 안에서 사는 법

값싼 은혜를 조심하라

수고의 과정이 없는 값싼 은혜의 법에 기대는 것보다, 부패한 무리에게 다소 이용당하는 면이 있을지라도 규정이 있는 법안에서 경쟁하는 것이 더 공정할 수 있다. 당장은 쉽고 편한 길이 능력 있는 자의 길이라고 생각될지 모르지만, 쉬우면서 만족스러운 삶은 없고, 어렵고 힘들다고 불행한 삶도 아니다. 많은 사람이 가는 길이라고 행복한 길이 아니고, 홀로 걷는다고 고독한 길도 아니며, 젊을 때 거둔 성공이 인생 성공이 아니고, 젊을 때 뒤처졌다고 인생 낙오자도 아니다. 하나님이 함께하심을 믿고 매 순간 최선을 다하되 서두르지 말며, 수고하지 않은 결과를 바라거나 부러워하지 말고, 개미처럼 꾸준하게 너희의 길을 가라.

교회 생활

1. 교회를 너희의 가장 친한 친구이자 이웃이며 가정처럼 가까이할 뿐 아니라, 성도로서 너희가 해야 할 의무와 책임을 다하고, 너희의 지정석과 지정역할을 섬겨라. 2. 교회나 영적 리더가 선한 일을 하려고 할 때, 너희를 그 대상으로 삼는 것을 아무도 갈등하지 않도록, 성실하고 진실하며 겸손하게 교회를 사랑하고 기쁨으로 섬겨야 한다. 3. 인생의 노후는 혈연적 가족보다 영적 대가족을 의지하며 사는 경우가 많고, 삶의 어려운 고비에는 영적 대가족을 통한 은혜가 있다는 것을 잊지 말아라. 4. 이런 자세로 삶을 살면 적어도 너희가 극한 어려움을 만났을

때 너희를 기억하는 손길이 있을 것이며, 누군가에게 도움을 청할 때 거절당하지 않을 것이다. 지금까지 살아온 아빠의 삶이 증명할 수 있다.

나를 이기는 자

나를 이기는 자는 사랑을 받는 자가 아닌 사랑을 나누고 전달하는 자이며, 진리를 웅변하고 설명하려 하기보다 진리가 삶의 습관이 돼 있는 자이다. 또 범사에 감사하고 마음으로 겸손하되 욕망을 가진 자처럼 열정적으로 살아가는 자이며, 불의와 동맹한 힘으로 세상 앞에 서려하지 않고 고독한 거룩함으로 하나님 앞에 서 있으려는 자이다.

내 생각과 주의 뜻

내가 세웠던 생각과 하나님께서 마련해 두신 결과는 달랐다. 나는 가장 약한 방법과 최소한의 결과로 만족하려 했으나, 하나님은 가장 강한 방법으로 최상의 기쁨을 주셨다. 나는 한계선 아래서 문제를 해결하려 했으나, 하나님은 내가 한계를 뛰어넘도록 인도하셨다. 나는 인간을 의지하며 동정을 바랐으나, 하나님은 내가 하나님을 의지하며 잠재능력을 개발해 믿음의 자존감을 지키게 하셨다. 은혜는 사람을 의지한 곳보다, 하나님을 의지하며 최선을 다한 곳에 더 풍성하고 아름다웠다. 고난이란 내 뜻을 포기하지 못한 채 하나님께서 인도하는 길로 질질 끌려갈 때 느끼는 감정이다.

믿음으로 산다는 것은

믿음으로 산다는 것은 선으로 불의를 이겨내는 것이고, 진실함으로 거짓 앞에 인내하는 것이며, 정의로 잘못된 관행을 변화시켜 가는 것이다. 믿음의 삶은 깨닫는 순간 믿음의 방법으로 출발하지 않으면 다시 그 출발선에 서는 것이 어렵고, 계속 세상과 타협하고 자기도 모르게 끌려다닐 수 있다. 규정된 시간은 채워야 할 것이 있다는 것인데, 시간은 그걸 채워 넣지 않아도 지나간다. 믿음으로 세상 유혹을 이겨내는 자만이 주어진 시간을 알차게 채워갈 수 있다. 세상은 믿음의 방법으로 출발하려는 너희를 어리석다고 하겠지만, 이 믿음의 출발만이 멀리 가는 너희의 삶을 보장해 줄 수 있음을 믿고 힘내라.

빈자리

연약한 인간들이 힘을 모아 세운 공동체는 최선을 다해도 항상 빈자리가 있게 마련이다. 그래서 늘 새로운 일꾼이 필요하다. 가끔 중요한 행사가 진행 중일 때 핵심 역할을 해 온 지정석이 비게 되면 염려하고 걱정하게 된다. 하지만 언제나 그 빈 자리의 영향을 느끼지 못할 정도로 일정을 잘 마무리하게 되는 것을 보면, 역시 공동체의 주인은 하나님이심을 다시 깨닫게 된다. 오늘도 각 가정과 교회 공동체의 빈자리가 성령 하나님의 은혜로 채워지는 역사를 경험하며, 하나님과 세우신 리더 앞에 겸손하게 순종하고 감사하는 하루가 되길 바란다.

뻔뻔함과 용기

위선의 뻔뻔함은 착취한 돈과 부패한 조직의 동맹을 믿기 때문이고, 정의를 말하는 용기는 진실한 삶과 실수에 대한 회개에서 나온다. 백성이 배경이 되기 때문이다. 죄의 동맹은 항상 불안하지만, 진실과 회개는 늘 자유하다.

나는 어디에 서 있는가

정치적 핍박이나 자연환경에 의해 굶주리고 헐벗은 자에게는 먹을 것과 입을 것을 먼저 주어야 하고, 게으른 자에게는 땀 흘리며 일하는 기쁨을 먼저 맛보게 해 주어야 한다. 풍성함 중에서 주는 베풂보다, 부족함 가운데서 미안한 마음을 함께 나눌 때 더욱 따뜻한 배부름과 희망을 세워주는 아름다움이 있다. 눈에 보이는 프로젝트 중심의 사역보다, 계시의 말씀으로 예수그리스도를 가르치는 소수의 복음 전도자에 의해 하나님의 나라는 든든하게 확장돼간다. 우선순위가 자기만족에 있는 많은 무리보다, 연단을 받는 중에서도 지각을 사용해 하나님의 뜻 안에서 삶의 기준이 흔들리지 않는 몇몇 성도들에 의해 거룩한 복음의 역사는 이어진다.

사명

사명은 하고 싶은 일을 하는 것이 아니다. 주인이 시키는 일에 순종하는 것이다. 순종은 내가 생각하는 일도, 내 문제를 풀어가는 일도 아니다. 주인이 계획하신 일을 따르며, 주인의 마음을 알아가는 것이다. 세상에는 내가 하고 싶은 일이 많고, 해야 할 일도 많지만 나를 기다려 주는 일은 없다. 하지만 사명은 내가 억지로라도 그 일을 할 때까지 나를 순종으로 이끌며 기다려 주신다. 오늘, 말씀에 이끌리어 주님의 사랑 하나를 깨닫는 은혜를 누려보길 바란다.

사소한 차이

누군가의 묵상을 통해 간접적으로 하나님을 만나는 사람은 하나님과 매일 말씀으로 독대하는 사람의 지혜에 미칠 수 없고, 누군가의 기도 때문에 살려는 사람은 스스로 기도하며 사는 사람의 영성을 이겨낼 수 없으며, 수동적으로 순종하고 감사하는 자의 기쁨은 능동적으로 순종하고 감사를 찾는 사람의 기쁨과 비교할 수 없다. 사소한 차이는 본질적 차이였다.

생명

하나님께서 사랑하신 생명을 나도 사랑하게 되면, 그가 아닌 내가 먼저 변하는 은혜를 경험하게 된다. 그 은혜를 경험하면 누군가의 거짓과 불의를 들추기보다, 나의 이기와 욕심을 부끄러워하고, 공의를 실천하려는 용기를 얻게 된다. 누구든지 은혜로 무엇을 이루고 무엇이 되었다고 말할지라도, 자기 변화가 없었다면 사실은 무익한 것이다. 자꾸 희망이 희미해지고 의지와 인내가 약해지는 것은, 주께서 십자가를 지시기까지 사랑하셨던 그 생명이 내 가슴에 없기 때문이다. 오늘은 내 품에 맡겨진 생명을 추슬러 보고자 한다.

세베대 아들들의 믿음

꿈이 있으면 그에 합당한 삶이 있어야 한다. 목표를 거창하게 세운 것에 반해 그것을 향한 노력과 열정이 부족하면 그것은 꿈이 아닌 욕망이다. 주께서 마시는 잔을 나도 마실 수 있고 주께서 받는 세례를 나도 받을 수 있다고 큰소리치는 세베대의 아들들에게 예수님께서 말씀하신다.

"누구든지 크고자 하는 자는 섬기는 자가 되고. 으뜸이 되고자 하는 자는 모든 사람의 종이 되어야 하리라"

함께 길을 가고 있다고 목표가 같은 것은 아니다. 예수님의 소원을 따라가는 자가 있고, 자기 욕망을 위해 그의 힘이 필요할 것 같아 이 길을 택한 자도 있다. 무슨 일을 하든지 나를 이끌어 가시는 그분의 뜻에 완전히 동화돼 사는 너희의 삶을 한번 그려보아라.

세상과 믿음

세상은 사랑을 보여 달라고 하고, 죄는 물적 증거를 요구하며, 복과 은혜도 내 손에 잡혀야만 믿는다. 세상은 눈에 보이는 것으로 보이지 않는 것을 부정하도록 유혹한다. 그러나 믿음은 눈에 보이지 않는 믿음의 가치관으로 바라는 것들의 실체를 확신하며, 눈에 보이는 실상을 이겨가는 삶이다. 우리가 믿음을 가졌으나 세상 가치관에 유혹당하는 이유는, 내 옛 죄가 깨끗하게 된 것을 잊어버린 영적 맹인이 되었기 때문이다. 하나님을 아는 지각을 사용하지 않으므로, 연단을 받지 않아서 선악을 분별하지 못하게 되어서이다. 믿음은 무엇을 이룰 것인가보다, 어떤 가치관을 지키며 사느냐이다.

시험과 은혜

시험은 고난이나 슬픔, 가난과 궁핍 속에만 있지 않다. 기도하고 땀 흘려 얻은 성취나 성공의 기쁨 속에도 시험이 있다. 은혜도 마찬가지이다. 지혜롭고 성숙한 자는 역경 속에서도 은혜를 찾아 묵상하지만, 어리석은 자는 은혜가 기쁘고 즐거운 곳에만 있다고 생각한다. 성취와 성공 속에 숨겨진 시험에 들지 않으려면 칭찬 앞에 겸손해야 하고, 역경 속에 감추어진 은혜를 만나기 위해서는 고난 가운데서도 감사를 찾아야 한다.

시험이 가는 길

매일 '시험에 들게 하지 마옵시고'라고 기도하지만 연약한 인간은 시험에 들게 마련이다. 문제는 자기가 시험에 들었다는 것을 깨닫지 못하는 경우가 더 많다는 것이다. 시험에 들면 인간은 대부분 악에 침묵하고 굴종하면서, 그동안 받은 사랑과 은혜는 전혀 기억하지 못한 채 끝없는 이해만을 요구하며 반항하는 모습으로 나타난다. 시험이 이해되지 않는 이유는 소화할 능력이 없으면서 무리한 기대를 하기 때문이고, 소화불량에 걸린 이유는 받은 은혜와 사랑을 섬김으로 재생산하지 않아서이다. 무너지고 망가진 것을 보수하지 않고서 주님이 행하실 새 일과 은혜를 어찌 기대할 수 있을까. 남은 시간은 나를 자주 넘어지게 만드는 시험의 현주소를 점검해 보아야 한다.

안식일

안식일이란 하나님의 시간이다. 주일을 거룩하게 지키는 것을 너희의 모든 삶의 기준으로 삼고 살아가라. 주일에 공동체 예배의 지정석에서 지정역할을 가지고 섬기는 것을 특권으로 여겨라. 하나님께서는 안식일이라는 당신의 시간 속에 너희의 삶이 복되고 거룩하게 되는 비밀을 숨겨두셨다. 안식일의 비밀은 6일 동안 너희에게 주어진 일을 힘써 하는 것이다. 너희가 힘써 일해 얻은 소유를 누리다가도, 하나님께서 감동 주시면 언제든지 선택하고 자원해 기쁨으로 드려라. 너희의 지혜와 재능을 위계질서 안에 두고, 더욱 노력하고 연구하며, 다른 사람과 협력해 목표를 이루는 자가 돼라.

역설

의를 행한다고 의인이 아니다. 의인은 예수그리스도를 믿음으로써 되는 것이다. 죄인을 품었다고 죄인이 되는 것이 아니다. 오히려 죄인을 정죄함이 어리석음이다. 선한 일을 했다고 용서받는 것이 아니다. 의의 십자가를 의지해야 용서받는다. 구제하고 봉사했다고 사랑한 것이 아니다. 의인의 십자가를 말하는 것이 참사랑이다.

영적 교만

믿음의 길에 있는 영적 교만은 거짓되고 게으른 열등의식 위에서 싹이 난다. 그러나 복음으로 먼저 자신의 거짓되고 게으른 삶의 습관을 고치려 하기보다는, 그런 죄의 습관들 위에 세상의 돈과 명예를 얻는 것을 믿음의 큰 목표로 삼는다. 돈과 명예를 가지고 하는 일을 공로로 여기고 자랑하는 자기 최면에 빠진 채, 죄의 습관은 그대로 남아있다. 믿음은 예수님께서 가신 길을 따라가면서, 진실하고 거룩한 습관으로 죄의 습관을 고쳐 가는 것이지, 꿈틀거리는 내 욕망을 이루는 마법이 아니다.

영적 다이어트

건강 검진을 받았다. 의사 선생님이 늘 반복하는 주의점은 살을 빼야 한다는 것이다. 비만은 불필요한 부분이고 그만큼 문제가 있다는 것이다. 사실 가만히 생각해보면 살찌기 위한 노력보다도 찌지 않게 하려는 노력을 더 많이 한 것 같은데 살은 빠지지 않았다. 죄의 욕망은 이성으로 깨달은 진리보다 더 강하다. 살이 찐다는 것은 식욕을 절제하지 못했을 뿐 아니라, 섭취한 에너지만큼 활동도, 운동도 하지 않았다는 뜻이다. 즉 비만은 욕심에 게으름이 더해진 것이다. 십자가의 인내보다 세상의 칭찬과 영광에 익숙해진 영적 비만을 생각해본다. 욕심에 눈이 멀어, 하나님의 나라는 분량이 아닌 주 예수 안에 있는 믿음의 질로 판단한다는 것을 잊었던 게다.

영적 신분과 교만

영적 신분이 주어진 것은 그 신분을 가지고 기능적으로 해야 할 역할이 있어서이다. 그러나 그 영적 신분에는 교만으로 이끄는 유혹도 숨겨져 있다. 모든 기능적 역할은 융합과 연합을 통해 온전한 공동체로 세워질 수 있다. 연합이 가능해지려면 내 강점도 중요하거니와, 모난 부분이 먼저 다듬어지도록 해야 한다. 모난 부분은 전혀 개의치 않은 채내 역할의 중요성만 생각하는 것이 교만이다.

왕의 의무와 책임을 먼저 행한 다윗

1. 왕의 의무와 책임을 너희 삶의 꿈으로 삼아라. 아담의 군상들은 왕의 의무와 책임을 이용해 왕의 자리를 탐하나, 다윗은 왕의 권좌에 앉기 전에 왕의 의무와 책임을 먼저 행한 자이다. 2. 어떤 경우에도 생명은 버리지 말아라. 다윗은 왕위를 찬탈하려 한다는 사울의 오해와 시기, 질투를 받아 도망하는 처지였지만, 그를 의지하려고 찾아온 생명을 버리지 않았다. 3. 위기에 처한 가족은 구해주어야 한다. 다윗은 자기 한목숨 부지하기도 어려웠지만, 자신에게 의지한 4백 명을 데리고 백성의 타작마당을 탈취하는 블레셋을 물리쳐 자기 백성을 구한다. 4. 너희와 함께 한 자들의 잠재능력을 깨워줘라. 다윗은 남을 의지해서 살려고 한 4백 명의 잠재능력을 일깨워, 할 수 있다는 자신감을 심어줬다.

위선과 착각

거짓은 특별한 모양이 없다. 그래서 진리를 찾고 구하는 자가 깨닫고 물리치고 피할 방법이 없다. 거짓은 진리, 정의, 사랑과 섬김 등 죄인이 쉽게 인정하고 빠질 수 있는 '선'이라는 보호색 속에서 자신을 숨기고 영역을 확장해 간다. 이것을 위선이라고 한다. 죄인은 온유나 겸손 속에 숨겨진 거짓, 교만처럼 보이는 정직을 구분하기 어렵다. 거짓은 카멜레온처럼 시간과 환경에 따라 작은 감정의 동요도 없이, 자신의 모습을 바꾸며 우리를 유혹한다. 이 위선과 유혹을 이겨내려면 하나님에 대한 바른 지식과 하나님의 뜻에 대한 건강한 깨달음이 있어야 한다. 인간의 욕심이 배제되지 않으면 절대로 바르게 이해하고 깨달을 수 없다.

유혹과 형통

삶에 다가오는 유혹은 약함에만 있지 않고 강함에도 있다. 약함 속에 있는 유혹은, 그 약함을 개선하고 보완하기 위한 노력을 하지 않는 게으름이다. 반면에 강함 속에 있는 유혹이란, 주어진 힘을 지정된 권한의 경계 넘어까지 발휘해 보고 싶은 욕망이다. 하나님이 함께하신 자는 이런 두 유혹을 이겨내는 자이고, 하나님은 그런 자에게 범사에 형통함을 허락하신다.

은혜가 멈추었다고 느낄 때

너희 삶에 흘러오던 은혜가 멈춘 것을 희망이 사라진 것처럼 아쉬워하고 절망하지 말아라. 이제 너희도 은혜를 나누며 살라는 기회로 삼고 감사해라. 무엇보다 그동안 은혜를 베풀어주신 분에게 섭섭해하고 분노해서는 안 된다. 아직 너희 삶에 나눌 수 있는 은혜가 없거든, 그동안 받은 은혜를 감사하며 재생산을 이루지 못한 어리석음과 게으름을 반성해라. 받은 은혜를 내 안에만 머물게 하면, 오히려 그 은혜는 나를 부패하게 할 수 있다. 다음 주자에게 넘겨 계속 흐르게 해야 한다.

인간의 선

내가 선을 행한다 하면서도 두려운 것은 그 행함의 열매가 꼭 선한 것만은 아니기 때문이다. 주의 뜻이라 믿고 행하면서도 자랑할 수 없는 것은, 인간이 선하다고 만든 제도에는 나를 위한 율법이 묻어있기 때문이다. 내가 가꾼 밭이 무성해 보였던 것은, 심지 않았는데도 우거진 가라지 때문이었음을 나중에 알았다. 애써 심은 곡식은 정성을 다해도 병충해에 시달리는데, 심지도 않은 가라지는 어디든 파고드는 강인한 번식력과 힘을 자랑하니, 내 안의 죄성이 그런 것 같다.

정답

가던 길이고, 꼭 가야 하는 길인데 끝이 보이는 않는 것은, 사랑이 답이기 때문이다. 아무리 두드려도 응답이 없는 문은, 인내가 답이기 때문이다. 소리 내어 울어도 가시지 않고 가슴 깊이 쌓여가는 슬픔은, 추억으로 간직하고 다시 일어서야 하기 때문이다. 시간이 흘러도 사라지지 않는 분노는, 갚아야 할 복수가 아니라 얻어야 할 교훈이 있기 때문이다. 진리를 따라 행하는데도 시기와 질투를 당하고 오해와 고난이 있는 것은, 그 길이 진리이기 때문이다. 아무리 찾아도 이 땅에는 답이 없다는 것이 절망이지만, 그로 인해 하늘을 바라는 것이 은혜이다.

진정한 힘

세상에 있는 모든 권력에는 내 의지와 노력으로 통제할 수 없는 부패한 힘이 있고, 부패한 인간은 그 부패한 힘으로부터 자유로울 능력이 없다. 하나님 없는 돈의 힘이나 신분적 권력만 그런 것이 아니다. 인간은 영적인 힘까지도 그 거룩한 목적을 따라 공의롭게 사용할 능력이 부족하다. 큰 건물에 많은 사람이 모인다고 그것을 영적 능력이라고 하지 않는다. 변화된 속사람으로 겉 사람의 욕망을 통제할 힘이 진정한 영적 능력이다. 2천 년 교회사를 이어 온 힘은 예수 그리스도 안에서 속사람이 강건해진 성도가, 온유와 겸손과 관용의 모습으로 하나님께 순종하는 고난을 인내했기 때문이다. 영적인 힘은 어떤 힘 있는 한 사람이나 조직 앞에 모이게 하는 힘이 아니다. 부르심을 따라 흩어지지만, 예수 그리스도 안에서 하나 돼 죽는 한 알의 밀알로 살아가는 힘이다.

향기로운 제물은 시간이다

여호와께 드리는 제물은 모두 먹는 것이다. 여호와는 제물이 익는 시간 동안 피어나는 향기만 받으시고, 제물은 드리는 자와 제사장 그리고 백성들이 나누어 먹었다. 엘리 제사장의 아들들은 제물이 익어갈 때 하나님께 향기로 드려지는 시간을 참지 못하고, 고기를 삶고 있는 가마솥에 갈고리를 찔러 가져다 먹었다. 하나님은 이들의 행실이 여호와를 알지 못하는 자들이나 하는 나쁜 행실이고 큰 죄라고 했다. 그들의 죄가 여호와 앞에 심히 큰 것은 그들이 여호와의 제사를 멸시함이라고 했다. 하나님께서 받으시는 향기로운 산 제물은 시간이다. 주일예배의 지정시간에 예배의 지정석에서 지정역할을 감당하는 시간이 하나님께서 받으시는 향기이다. 먹고 살기 위해 밤낮없이 일하다가도, 하나님이 지정하신 시간이 되면 주 앞에 나와 하나님의 말씀을 먹는 것이 향기로운 제사이다.

회개

회개는 자아가 중심이 돼 가던 길에서 돌이켜, 예수가 중심이 돼 사는 길로 가는 것이다. 회개는 에너지의 가동을 끝내고 멈추는 것이 아니다. 모든 소유와 열정, 인내와 집중력을 그대로 가지고 방향을 바꾸어 가는 것이다. 회개는 그동안 주인에게 합당한 열매를 맺지 못한 책임이 자신에게 있다고 인정하는 것이다. 결단코 다른 이를 탓하거나 변명하지 않는다. 회개는 다시 기회를 달라고 간구하며, 좀 더 지혜롭고 신실한 방법으로 일하고 인내하는 것이다.

협력과 연합

하나님께 예배하므로 하나님의 약속을 회복하면 세상에서 해야 할 꿈이 부활한다. 꿈이 살아 있다는 증거는 믿음과 순종으로 나타난다. 약속에 대해 믿음은 순종으로 이어지고, 그 순종의 특징은 협력이며, 그 협력의 가장 큰 특징은 분량이 아닌 진리와의 연합이다. 진리는 믿음과 순종의 대상이다. 협력은 진리의 변질을 막기 위한 양보와 타협 없는 노력이며 진리를 지키기 위해 섬기고 희생하는 것이다. 교회는 십자가와 부활의 진리가 살아 있는 한 어떤 상황에서도 절대로 무너지지 않는다. 이 진리를 타협해 욕망을 채우려는 인간의 어리석음이 패망의 길이다.

회복

예배에 소홀해지면 하나님의 약속이 희미해지고, 약속이 희미해지면 꿈이 약해지며, 꿈이 시들면 의욕을 잃고 불평에 이르게 된다. 시들어가는 믿음과 열정을 회복하려면 공동체 예배의 지정석에서 여호와 앞에 예배하며, 여호와의 약속을 회복해야 한다. 어느덧 내 수고와 공로가 의가 돼가는 '길갈'에서, 하나님의 임재와 은혜만 의지해야 하는 '실로'로 옮겨가야 한다. 여호와의 약속을 기억하는 것이 꿈을 회복하는 길이고, 여호와의 약속을 상기시키는 것은 공동체가 드리는 예배를 통해서이다.

외로움과 고독

외롭다는 것은 마땅히 사랑해야 할 자를 사랑하고 그리워하기보다, 오히려 그를 의지하려는 마음이 있기 때문이다. 사랑하고 그리워하는 대상이 없다는 것은, 지극히 이기적인 사랑에 빠져서 받는 사랑을 느끼지 못하고 있기 때문이다. 반면에 고독은 사랑의 대상이 아직 내 사랑을 깨닫지 못하는 것을 마음 아파하며, 내 사랑의 한계를 극복하려는 발버둥이다. 이렇게 외로움은 의존적이고 이기적이며 약해지려는 마음이고, 고독은 이타적인 사랑과 도전적인 마음이다. 너희의 외로움을 고독으로 만들어 가길 바란다.

욕망

욕망은 옳은 것에는 게으르고, 불의한 것에는 부지런하며, 속사람의 강건함을 위하기보다 겉 사람의 요구에 빼앗긴 마음이다. 욕망이란 자신의 힘과 노력으로 이루려 하기보다, 누군가의 힘을 이용하고 누군가를 희생시켜 자기 유익을 챙기는 술수이다. 욕망은 이웃과 함께 꿈을 이루고 더불어 승리하려 하기보다, 모든 유익을 일방적으로 독차지하려는 이기심이다. 이러한 욕망에 한 번 마음을 빼앗기면, 합리적인 다른 의견을 들으려 하지 않고 좀 더 쉽고 편리한 방법만 추구하게 된다.

욕심과 순리

평범한 행복을 원하거든 욕심을 버리고, 서두르지 말며, 성실하게 순리대로 살아라. 특별한 삶을 원하거든 강하고 담대하되 더욱 지혜로워야 하고, 적극적으로 기회를 찾되 그에 걸맞게 실력을 갖추도록 스스로 노력해야 한다. 평범한 행복은 혈연적 가족과 그 이웃 관계에 있고, 특별한 행복은 나를 통해 행복의 범위가 영적인 대 가족으로 넓혀지는 것이다. 평범한 삶에도 행복이 있고 특별한 인생에도 행복이 있지만, 평범한 행복이 없는 특별한 삶은 고독하고, 평범한 행복을 느끼지 못하는 특별한 삶은 평범한 행복을 파괴할 수 있다.

용기

용기는 진리와 선을 지키고 보호하라고 주는 마음의 힘이다. 악의 편
에 서서 정의와 선을 핍박하고 대항하는 힘이 있다고 해서 그것을 용기
라 하지 않는다. 세상은 너희의 용기가 선과 연합하는 그것보다, 악과
동맹하도록 다양한 방법으로 너희를 유혹해 올 것이다. 선을 택하면
악은 너희를 어리석다고 하고, 어쩔 수 없는 상황에서 악의 편에 한 번
이라도 서게 되면 악은 그것을 꼬투리 삼아 계속해서 너희를 조종하고
다스리려고 할 것이다. 다소 손해를 당하고 어리석다고 비웃음을 당할
지라도, 너희 삶의 거룩함과 세상의 공의를 지키는 일에 용기를 내기 바
란다.

용서

용서는 피해자가 가해자와 하는 화해가 아니다. 피해자라고 생각하
는 자신과의 싸움이다. 내 안에는 나를 자꾸 피해자로 몰고 가려는 욕
심, 교만, 위선, 이기심, 조건, 기대, 게으름, 불평, 두려움, 거짓 등의 약
함이 있다. 그동안 나를 공격해 그토록 힘들게 했던 것은 내 안에 있는
이것들이었다. 용서의 무기는 겸손과 진실, 인내이다. 겸손은 내 수준
과 약함을 인정하는 것이고, 진실은 그런 나를 다독여주는 것이며, 인
내는 새로운 출발이다. 나와 화해하지 못하면 가까운 사람에게 쉬이
분노하게 되고, 나는 더욱 깊은 상처에 빠질 수 있다. 용서는 부끄러운

자신과 화해하는 것이다.

적(敵)

한 중국 유학생이 물었다. 지금 중국이 시진핑 일인체제로 강화되면서 기독교에 대한 박해가 점점 더 심해질 거라 하는데 어떻게 해야 하느냐는 것이다. 사실 기독교인에게는 강력한 권력의 박해나 핍박보다, 문명의 이기와 욕심에 익숙해진 내 안에 있는 적이 더 두려운 존재가 아니겠는가. 외부에서 오는 박해는 티끌 같고 가정(假定)이라면, 내 안에 숨겨진 적은 들보와 같다는 엄연한 사실을 우리는 간과하고 있다. 내가 의롭고 거룩해서 박해와 핍박, 고난을 받는 것이 아니다. 박해와 핍박, 고난을 의롭고 거룩하게 인내하는 과정을 통해, 우리는 강해지고 정금 같이 순수해져 간다.

타락

오래전부터 이단 시비가 있었던 한 대형교회 목사가 추문이 터지자, 사무실 안에 그동안 받았던 수많은 돈 봉투들을 쏟아부으며 자신의 억울함을 토로한다.

"이게 내가 도둑질 한 것이 아니라 여러분이 내게 사랑스러워 사랑해서 준 선물들입니다. 내 자금의 근거가 다 여기에서 나옵니다. 이건 욕하지 마세요. 여러분(교인들이) 준 것 아닙니까? 여러분이 저를 사랑해 놓고 뒤통수 치고, 주고서 욕하는 사람이 돼서는 안 됩니다. 내가 무슨 죄가 있어 준 것을 받고 또 욕까지 먹어야 되느냐 하는 겁니다."

성도들의 헌금 어디에 부동산에 투기하고 육의 쾌락을 위해 쓰라고 준 돈 봉투가 있었을까! 예수님의 십자가와 부활의 복음보다 세상에서 잘 먹고 잘사는 것이 목적이 돼버린, 오늘날 교회라는 이름의 민낯이다. 돈을 하나님의 복으로 이해하면 생명을 향한 눈은 멀어지고 시야에서 생명이 사라진다. 이것이 바로 타락이다.

chapter 7.

사랑하는 아빠가

큰아들 '다라'에게

아이를 낳지 않고서 목사의 길을 간다면 좀 더 거룩하고 바르게 할 수 있을 것 같아, 아빠는 당돌하게도 불임수술에 도전했었다. 7년이 지난 어느 날, 너를 향한 하나님의 계획은 '빠마이'의 초라한, 그러나 그 어느 궁전보다 맑고 깨끗한 천사들이 노래하는 대나무 집에서 엄마 아빠에게 전달됐다.

초보 엄마와 아빠, 자연을 닮아 다소 투박한 '메짠' 공동체의 형들과 누나들의 거친 사랑 속에서도 넌 참 잘 먹고 잘 자라줬다. 치앙마이로 올라와 외국인 학교에 보내봤더니, 적응하지 못하고 3개월을 울어서 교장 선생님의 마지막 통보를 들으며 너를 데려올 때는 참 맘 아프고 속상했었다.

운동신경이 둔해서 달리기할 때면 출발한 라인으로 들어오지 못했고, 수영할 때는 제자리만 맴돌았다. 친구들과 함께 축구를 하지 못한 것은 괜찮았는데, 늘 숫기가 없어 남 앞에 서면 아무 말도 못 하고 떠는 너를 볼 때는 하늘이 노래지는 것 같았다.

그러던 네가 어느새 친구들과 옷이 젖도록 땀 흘리며 운동하고, 합창단의 반주를 하며 선생님들과 농담을 주고받을 줄도 알게 됐다. 내 가슴에 안기기보다 자신의 미래를 생각하는 너는 이제, 아빠가 안겨야 할 정도로 정신도 신체도 대견해졌다.

사랑한다. 이 말 외에 더 적절한 말이 없다는 것에 더욱 쓸쓸하지만, 네게 사랑한다고 말할 때 얼마나 가슴이 뛰고 행복한지 모른다.

첫출발하는 '다라'에게

새로운 삶을 향해 출발하는 사랑하는 아들 다라야.

지난 7년 동안 성실하게 살아온 아들과 함께해 주신 하나님의 사랑에 감사하며, 그 벅찬 시간을 용케 잘 지나온 너를 대견하고 자랑스럽게 생각한다. 이제 네가 진입하게 될 사회라는 문은, 네 지난 삶보다 더 예측불허의 규칙과 다양한 사람의 각기 다른 생각들이 공존하는, 어쩌면 복잡한 곳으로 인식될 수도 있다. 그래서인지 염려가 아닌 무거운 마음이 든다. 삶의 목표를 하나님이 축복하신 안식일을 거룩하게 지키는 것에 두고, 시간을 낭비하지 말고 무엇을 하든지 거시적인 계획 속에서 꾸준해야 한다. 예수님 안에서 속사람의 강건함으로 겉 사람의 유혹을 이겨내며, 생명을 품고 실수를 두려워하지 말고, 강하고 담대하되 항상 침착해라. 네 마음과 목숨과 뜻과 힘을 다해 하나님을 사랑하고, 예수님께서 너를 사랑하신 것 같이 너 자신을 사랑하고, 너 자신을 사랑한 것 같이 이웃을 사랑하며 살아라.

독일로 MBA를 결정한 '다라'에게

1. 꿈을 꾸되 창의적이고 재생산이 보장된 꿈을 꿔라. 그러면 자신의 희망을 네 꿈에 투자하는 자가 나타날 것이다. 2. 창의적이고 재생산이 가능한 꿈은 나를 위한 꿈이 아닌 누군가를 위한 꿈이기 때문이다. 그런 꿈에는 능동적인 열정이 있으나 이기적이지 않고, 자신의 약함

을 알기에 독선적이지도 않다. 3. 누군가의 꿈을 커닝해 덧칠하고 포장하면서 자기 비전이라고 말하는 곳에는 유혹의 훈수가 아우성이다. 4. 창의적이고 재 생산적인 꿈을 향해 갈 때 한계를 만나거든 요셉의 삶을 묵상해라. 그의 삶에서 답을 찾되, 그 답은 꼭 너 자신을 위한 것이어야 한다는 것을 잊지 말아라.

둘째 아들 '주라'에게

너를 아빠의 아들로 맡겨주신 하나님의 은혜에 늘 감사한다. 네 이름을 부를 때마다 울컥 가슴을 차고 오르는 사랑이 눈시울을 뜨겁게 한다. 맑고 투명한 네 기질과 성품을 볼 때면 한없이 따뜻한 세상이 느껴진다.

너는 이처럼 사람들에게 사랑받을 수 있는 면이 아주 많다. 사랑을 받는다는 것은 기회를 얻었다는 것이고, 그 기회는 더 많은 사람을 품고 나누라고 주어진 것이다.

사람을 품으려 함에는 인내 위에 지혜, 지식, 유머, 사회적 배경과 물질이 함께 있어야 한다. 이 모든 것들은 절대로 단숨에 이룰 수 없는, 피나는 노력과 인고의 시간의 결과물이란 사실을 꼭 기억하며, 네 삶을 개척해 가길 바란다.

'주라'야

아빠가 어려운 이야기 하나 해도 될까?

너는 마음이 참 여린 사람이면서 사람을 좋아해서 항상 주변 사람을 즐겁게 해 주려고 한다. 그러나 사람들은 그런 네가 좋으면서도 한편 너를 가볍게 여길 수도 있다는 걸 한 번쯤 생각해보길 바란다. 춤추며 즐겁게 노는 자리에선 누구보다 더 코믹하한 게 좋지만, 평소에는 진지함이 더 많아야 한다. 그렇지 않으면 사람들은 너를 늘 좀 가벼운 사람으로 기억할 수 있기 때문이다.

또 한 가지, 모든 선택에 있어서 피할 수 없는 우선순위는 꼭 먼저 해야 한다. 학생이니 가장 먼저는 공부요, 자신의 이익보다는 옳음을 택해야 한다. 그걸 방관하고 차선과 필수가 아닌 선택과목에 우선하면, 열심히 최선을 다하고도 아무것도 남는 게 없게 된다. 네겐 하나님을 두려워하는 지혜가 있으니 잘 극복하리라 믿고 기도한다.

세상이 일반적으로 한 사람에 대해 평가할 때 우선순위의 기준은, 그가 어떤 필수과정을 거쳐 왔는가 하는 것이다. 즉 어느 대학이고 무슨 과이며, 이 과정에서 얼마나 성실했느냐 하는 것을, 그때 한 번 받아놓은 성적으로 평가해 버린다. 그 사람의 내면에 무엇이 있고 어떤 능력이 있는가를 보여주고 알기 위해서는 많은 시간과 노력이 필요하기 때문이다. 많은 경우, 아예 일반적인 평가로 끝나고 그의 내면에 있는 능력과 자질을 보여주고 활용해볼 기회마저 주지 않는 게 세상이다. 아빠가 너희 때에 누구도 이런 진리를 아빠에게 말해준 자가 없었다. .

인생은 내가 하는 순종의 대상만큼 배우고 성숙하게 살 수 있다. 순종하는 대상의 오늘도 중요하지만, 그가 살아온 과정을 보고 배우는 것이기 때문이다. 어리석은 사람은 그의 현재 모습만 보고 순종하고 따른다. 그러니 표정보다 말로 사람을 재미있게 하는 것을 많이 연습해 보아라.

'주라'의 편지

아빠! 저, 주라예요. 건강하시죠? 지금 이 편지가 낭독될 때면 저는 논산 육군훈련소에서 훈련받고 있겠죠? 생각만으로도 벌써 사회가 그립네요. 하지만 두렵지 않아요.

"당장은 쉽고 편한 길이 능력 있는 자의 길이라 생각될지 모르지만, 쉬우면서 만족스러운 삶은 없고 어렵고 힘들다고 불행한 삶은 아니란다. 하나님께서 함께하심을 믿고 매 순간 최선을 다하되 서두르지 말며, 수고하지 않은 결과를 바라거나 부러워하지 말고, 개미처럼 꾸준하게 네 길을 가거라."

아빠는 저희에게 삶의 결과보다 과정을 중요시하라고 가르치셨죠. 그 때문에 저는 군대에 대해 두려움보단 기대감이 더 커요. 군대에 있는 동안 저 자신과 싸움을 통해, 그리고 새로운 사람들과 하나의 목적을 이루기 위해 협력하는 과정을 거치면서 성숙해질 제 모습을 기대해요.

'크고 많은 것을 맡아 관리할 수 있는 조건은 작은 일에 충성하는 것이라 했다'라시며, 예수님의 가르치심을 저에게 자주 말씀하셨죠. 군대에서 배워야 하는 것은 바로 '작은 일에 충성하는 것'이라는 생각을 해봅니다. 평상시에 결과만을 바라보고 살아서 그런지 작은 것에 많이 소홀했던 것 같습니다. 이번 기회에 그동안 업신여겼던 작은 습관들을 기르도록 노력할게요.

"무엇이 되기보다 어떤 사람이 될 것인지 고민해라."

아빠가 자주 하시던 이 말씀의 뜻을 어렴풋이 이해하면서, 저는 사람을 품는 사람이 돼야겠다는 꿈을 꾸어봅니다. 누군가에게는 위로가 되고 싶고, 어두운 세상을 밝히는 작은 빛이 되고도 싶어요.

군대는 다양한 사람들이 모여서 공동체 생활을 하며 각자의 의무를 감당하는 곳이라고 하셨잖아요. 이곳에서 사람을 품을 수 있는 저의 역량을 넓힐 수 있도록 기도로 응원해 주세요. 저에게 두려움의 대상이기도 했던 군대에서 지금까지 경험하지 못한 중요한 가치들을 배우고 저 자신을 찾아가도록 사랑의 격려로 함께해 주세요.

아빠의 아들로 태어나고 자란 것이 자랑스럽고 감사해요. 아빠의 말씀은 아빠의 인생이 고스란히 담겨있어서 제가 살면서 자주 펼쳐보고 싶은 노트 같은 것이기도 해요. 결코, 편한 길이 아니었던 아빠의 삶, 하나님의 '의' 때문에 고민하고, 사람을 사랑하면서 겪었던 많은 믿음의 경험들을 앞으로도 많이 들려주세요. 아빠, 사랑하고 축복해요.

진실이 묶어준 관계

군 복무 중인 둘째 아들이 휴가를 받아 한국에서 신세를 진 친구들과 함께 오는데, 고등학교 선생님이 공항에 나오시기로 했다고 한다. 그뿐 아니라 저녁을 사주시고 시내 이곳저곳도 안내해 주셨다고 한다. 태국에서 미국에 가실 때도 종종 한국에 들러 아들을 만나 격려해 주신다는 얘기를 들려주었다.

아들이 중학교 2학년 때의 일이다. 수학 시험을 볼 때 모르는 문제가 있어서 옆 친구의 것을 보고 썼다고 했다. 그리고는 아무래도 마음에 찔려 선생님을 찾아가 사실을 말했는데, 그 이후 선생님이 아들을 이렇게 아껴 주신다고 했다. 또 선생님은 자기 지인들에게 아들을 늘 자랑하셨다고 한다. 그날 저녁 자리에 선생님의 친구들도 오셨는데, "이 아이가 주라예요."라고 소개하니, 모두가 "아, 그래요!"라고 했다는 말에 마음이 찡해왔다.

막내아들 '의라'의 13번째 생일을 맞아

아빠와 엄마의 아들로 태어나 몸과 마음이 건강한 소년으로 자라주어서 고맙다. 엄마와 아빠, 형제들은 물론 가까운 이웃들이 너를 통해 행복과 기쁨, 평화의 풍성함을 누리길 바라며, 네 13번째 맞는 생일을 축하한다.

너를 세상에 태어나게 하신 하나님께서는 너를 통해 이루고 싶은 놀

라운 계획을 세우셨다. 너를 가정과 교회와 학교와 태국 사회 속에서 준비시키고 계실 뿐만 아니라, 그렇게 준비된 네가 하나님을 의지하며 이끌어갈 사회와 역사도 네가 사명을 잘 감당할 수 있는 환경으로 무르익어가도록 섭리하고 계신다. 지금 부모님과 선생님들의 말씀에 수동적이나마 순종하는 법을 배워야만, 나중에 네가 책임지며 이끌어갈 사회에서 창의적이고 지혜로운 능동적 순종이 가능해질 수 있다.

'의라'를 생각하며

늦둥이로 태어난 막내가 초등학교에 들어가고, 학교에서 돌아오면 엄마 곁에 누워 흰머리를 뽑아주며 맑은 눈물을 훌쩍거리던 때가 엊그제 같다. 이상하게 이 아이를 향한 애틋함은 세월이 흐를수록 더하다. 부부만 앉아 때를 채워 넣었을 멋쩍은 식탁에 이 아이가 함께 앉아 있다는 것에 눈물이 울컥할 때가 많다. 민감한 사춘기인데도 뽀뽀를 해 달라고 하면 못 이기는 척 볼에 살짝 뺨을 대 주고 가는 뒷모습에 내 존재의 의미가 새겨져 있다. 이제 이 아이가 우리 품에 남아있을 시간도 많이 줄어들었다.

가을 방학을 맞은 막내아들을 공동체로 불렀다. 이제 내 품에 있을 시간이 채 1년도 남지 않은 고3 입시생 아들이다. 삽질, 괭이질, 못 박기, 톱질, 대패질, 용접, 돼지와 염소 풀 주기 등 적어도 남자라면 한 번쯤 하게 될 일들을 경험해 보도록 했다. 일하면서 땀에 젖고 흙 묻은 옷을 입고 대충 씻은 손으로 밥을 먹어보며, 그 한 끼를 위해 얼마큼 노력해야 하는지 깨닫게 해 주고 싶었다. 건축현장에서 성인 남자들과 똑같이, 아니 그보다 더 열심히 일하는 미얀마 '타이야이족' 어머니들을 보며, 남자가 그 의무를 다하지 않은 가정의 모습이 어떠한지도 설명해 주었다.

녀석, 군소리 없이 모래와 자갈을 나르고 철조망에 찔리고 먼지를 뒤집어쓰는 것도 두려워하지 않으며 잘 따라주더니 갑자기 묻는다.

"아빠, 이거 봉사확인서 해 줄 수 있지?"

순간 많은 부모가 교회나 학교를 통해 단기 봉사 활동을 보내는 이유를 아이들은 알까 싶다. 봉사 활동 확인서를 받아 좋은 대학에 가라는 의미보다는, 진정한 봉사와 노동의 의미를 가르치려는 부모의 사랑이 더 큰 것을 말이다. 큰 아이와 둘째가 떠난 자리에 남은 아쉬움을 교훈 삼아 후회가 남지 않을 그 날을 준비해야겠다.

딸 혜진아!

먼 이국땅에 있는 네 이름을 부를 때마다 가슴이 뛰는 것은 왜일까? 널 내게 맡겨주신 하나님의 은혜에 늘 감사하고 있다.

많이 늦었다고 느껴질 수도 있다는 걸 안다. 그러나 사실은 가장 무르익은 기회일지도 모른다. 조급해 말고 지금의 기회를 감사와 용기로 극복해 가기 바란다. 삶은 자신을 얼마나 이겨내느냐에 따라 그 결과가 달라지기에, 자신을 이기는 것이 성공이라는 평범한 진리가 지배한다.

새해에는 더욱 건강한 마음과 정신으로, 네 주변을 밝고 맑게 비추는 날들이 쭉 펼쳐지기를 간절히 기도한다.

세 아들

막내아들이 고1일 때, 위로 두 아들은 군 복무 중이었다. 아이들의 근황을 들으며 나도 모르게 걱정이 잔소리로 나왔다. 그걸 지켜보던 막내아들이 큰형과 통화하며 눈물을 글썽인다.

"형, 빨리 결혼해서 조카 낳아서 보내. 나까지 가면 아빠 엄마가 너무 심심할 것 같아….."

그리고는 내게 이렇게 덧붙인다.

"아빠! 아빠는 한 가지를 포기해야 행복해질 수 있어. 알았어?"

"…그게 뭐니?"

"그것은 아빠만이 알아."

마냥 어린아이인 줄 알았던 막내가 엄중하고 두려운 모습으로 내게 해 준 경고이다.

1998년도이니 벌써 약 18년 전 일이다. 내가 의식을 잃고 병원 응급실에 실려 간 적이 있었다. 그때 의식을 회복한 내게 의사가 했던 말도 같았다.

"포기하십시오. 그래야 살 수 있습니다."

품 안에서 여전히 버리지 못하고 있다는 것을 막내는 알고 있었다.

정도연 목사 가정 유월절 선언문

우리 가정은 말씀이 육신이 돼 세상에 오신 하나님의 독생자, 유월절 어린양 예수 그리스도가 유일한 내 구주이심을 믿습니다. 우리 가정은 '여호와의 밤'에 어린양 예수님께서 십자가에서 흘리신 피와 그 권능으로, 죄와 사망 권세를 이기고 출애굽 한 '여호와의 군대'입니다. 우리 가정은 애굽을 떠나고 홍해를 건너 광야를 지나 가나안으로 가는 길에서, 여호와가 선택한 공동체와 함께 어린양의 피를 의지하고, 여호와 하나님의 명령에 순종하며 같이 가겠습니다. 우리 가정은 하나님께서 정하신 무교병으로 체질개선을 시작하고, 십자가에 적셔진 마라의 물을 마시며 치료받은 후, 매일 내려주신 만나를 먹으며, 공동체에서 끊어지면 죽는다는 각오를 하고, 영적·육체적 체질개선과 거룩한 공동체 문화를 세우도록 힘쓰겠습니다. 우리 가정은 구름 기둥과 불기둥의 인도를 따라 내 하나님 여호와, 아버지의 하나님 여호와, 용사이신 여호와 하나님의 이름을 찬송하고 높여드리며, 광야의 훈련을 통해 내 변화를 이루겠습니다. 우리 가정은 우리를 품어준 태국 땅이 잘되고 형통하기 바라며, 우리가 만난 하나님을 저들도 만나 찬양하기를 간절히 기도하고 섬기는 일을 기뻐하겠습니다. 우리 가정은 하나님의 독생자로 유월절 어린양이 되신 예수 그리스도가 우리 가족의 참 주인이심을 믿고, 서로 사랑하고 감사하고 찬양하며 살 것을 선언합니다.

가족 개인별 선언문

나, 정도연은 사랑하는 가족 구성원, 특히 아내와 아들들에게 좀 더 친절하고 온유하게 배려하며 인내하는 남편과 아빠가 되도록 노력하겠습니다. 나, 이미숙은 지금까지처럼 대충 하던 버릇을 고치기 위해 생각하고 글 쓰는 습관을 들이고, 남편과 자녀들. 그리고 공동체 식구들에게 사용하던 잘못된 말의 습관을 바로 잡기 위해 노력하겠습니다. 나, 정다라는 하나님께서 우리에게 주신 목표를 우리가 인지하고, 그 목표를 향해 끊임없이 나아갈 수 있는 삶을 살아갈 수 있도록 노력하겠습니다. 나, 정주라는 하나님과 동행하는 삶을 살도록 지혜와 명철, 힘을 구하며 집중하는 의지를 갖고 살아가도록 노력하겠습니다. 나, 정의라는 우리 가족이 예수님 안에서 서로 사랑하며 살도록 기도하는 사람이 되도록 노력하겠습니다. 나, 황혜진은 욕심을 내려놓고 하나님께 더욱더 의지하는 삶을 살기 위해, 매일 아침 기도함으로 하루를 시작하도록 노력하겠습니다.

믿음의 십계명

1. 삶의 전 영역에서 십자가의 은혜를 찾고 하나님의 이름을 찬양하라.

나의 나 된 것은 하나님의 은혜로 된 것이니(고전 15:10)

2. 오늘 만나는 사람과 일들에서 사랑의 하나님을 깨닫고 감사하라.

하나님이 세상을 이처럼 사랑하사 독생자를 주셨으니 이는 누구든지 저를 믿는 자마다 멸망치 않고 영생을 얻게 하려 함이라(요 3:16)

3. 하나님의 말씀에는 '왜, 어떻게'라고 묻지도 말고, 기교 없이 순종하고 순종의 과정에서 하나님의 뜻을 깨닫도록 하고 기뻐하라.

순종이 제사보다 낫고 듣는 것이 수양의 기름보다 나으니라(삼상 15:22)

4. 하나님을 알아갈수록 더욱 성실하고 충성스러운 자가 돼라.

네가 적은 일에 충성하였으매 내가 많은 것을 네게 맡기리니 네 주인의 즐거움에 참여할지어다(마 25:23)

5. 지혜의 근원이신 하나님을 믿고, 모든 사물과 역사와 일어나는 문제들을 하나님의 관점에서 바라보고 기도하라.

여호와를 경외하는 것이 지식의 근본이거늘 미련한 자는 지혜와 훈계를 멸

시하느니라(잠 1:7)

6. 네 지식과 물질과 지위에 사람을 품고 그들이 일 할 수 있도록 도와라.

너희는 먼저 그의 나라와 그의 의를 구하라 그리하면 이 모든 것을 너희에게 더하시리라(마 6:33)

7. 하나님께는 계산하지 말고 감사와 기쁨으로 드리고 헌신하라.

만군의 여호와가 이르노라 너희의 온전한 십일조를 창고에 들여 나의 집에 양식이 있게 하고 그것으로 나를 시험하여 내가 하늘 문을 열고 너희에게 복을 쌓을 곳이 없도록 붓지 아니하나 보라(말 3:10)

8. 부모·형제와 가까운 이웃에게 온유한 자가 돼라.

자녀들아 주 안에서 너희 부모에게 순종하라 이것이 옳으니라 네 아버지와 어머니를 공경하라 이것은 약속이 있는 첫 계명이니 이로써 네가 잘되고 땅에서 장수하리라 또 아비들아 너희 자녀를 노엽게 하지 말고 오직 주의 교훈과 훈계로 양육하라(엡 6:1-4)

9. 모든 예배는 거룩하고 진실하고 최고의 정성으로 드려라.

하나님은 영이시니 예배하는 자가 영과 진리로 예배할지니라(요 4:24)

10. 가정이 천국이 되도록 이끌어가라.

항상 기뻐하라 쉬지 말고 기도하라 범사에 감사하라 이것이 그리스도 예수
안에서 너희를 향하신 하나님의 뜻이니라(살전 5:16-18)

교회선택 십계명

1. 개혁주의 신학에 근거한 신앙으로 예배하고 가르치는 교회

2. 세상에서 성도들의 바른 믿음의 삶을 강조하는 교회

3. 도보로 가서 새벽예배를 드리고 올 수 있는 거리의 교회

4. 영적 실업자가 없이 모든 성도가 영적 고용 창출되어 섬기는 교회

5. 담임목사님이 설교 중에 네 얼굴을 확인할 수 있는 교회

6. 모든 성도가 서로를 가족처럼 알 수 있는 교회

7. 네 잘못을 호되게 꾸짖어 줄 수 있는 목사님이 계신 교회

8. 개인보다 가족 단위가 더 많은 교회

9. 담임목사 설교가 기독교 방송에 정기적으로 나오지 않는 교회

10. 선교를 위해 아빠 엄마와 동역하고 있는 교회(1-2번은 필수이고, 그
외 4가지 이상이 맞으면 좋은 교회라고 생각한다.)

기독교인의 꿈 십계명

1. 기독교인의 꿈은 강함이 아닌 약함이 연합해 꾸는 꿈이다.

2. 기독교인의 꿈은 아무도 나를 저주할 수 없을 만큼 성실하고 충성된 삶으로, 모든 민족에게 '복의 근원'이 되는 것이다.

3. 기독교인의 꿈은 내 수고와 땀의 열매로, 열 명 이상의 생명을 책임지겠다는 것이다.

4. 기독교인의 꿈은 내 권위를 공의롭게 사용해, 세상의 빛과 소금이 되겠다는 것이다.

5. 기독교인의 꿈은 하나님께서 함께하신 나를 품고 있는 내 이웃들이, 먼저 하나님의 은혜로 잘 되게 하는 '형통한 자'가 되는 것이다.

6. 기독교인의 꿈은 내 꿈이 아닌 누군가의 꿈을 위해 성실하게 수고하며 공의를 실천해 가던 어느 날, 내 꿈도 이루어져 있는 것을 보는 것이다.

7. 기독교인의 꿈은 내 생명을 위협했던 자가 아직 합당한 회개를 하지 않았을지라도, 그의 굶주림을 해결해 주고 사명과 먹을 것을 주어, 영적 대가족을 하나님 앞으로 모셔오는 대사로 파송해 그에게 변화의 기회를 주는 것이다.

8. 기독교인의 꿈은 가정에서 꾸고, 가정에서 그 이뤄진 꿈을 확인받는 것이다.

9. 기독교인의 꿈은 사랑하는 부모를 내 삶 가까이 모셔두고 부족함이 없도록 효도하며, 연약한 그의 형제들을 돌보는 것이다.

10. 기독교인의 꿈은 이런 거룩한 꿈을 가지고, 영원한 본향과 사랑의 아버지 하나님의 품을 그리며 이 세상을 나그네로 사는 것이다.

28년의 동역 1

너희가 평생 잊지 말고 기억하며 삶의 자랑과 감사의 대상으로 품고 살아야 할 하나님의 사람들을 좀 소개하고 싶다. 오늘의 우리 가정과 공동체가 있기까지는 수많은 성도의 기도와 사랑이 있었다. 꼭 필요한 때에 이름도 빛도 없이 등장해 섬겨주신 교회들, 다 셀 수가 없다. 그중 아빠가 태국에 오기 전부터 태국을 사랑해온 미국의 두 한인교회와 인천, 부평, 의왕, 춘천, 서울 마포구 망원동, 성내동, 지하와 상가 2층, 작은 한옥에서 개척할 때부터 지금까지 쉬지 않고 동역해온 교회들이 있다. 이들 교회와 목사님들은 지난 28년 동안 아빠의 성숙하지 못한 모습을 보면서도 하나님의 사랑으로 인내하며, 오늘까지 우리 가정과 메콩강 공동체를 섬겨주셨다. 너희는 정직하고 공의로운 삶으로 이 모든 교회의 자랑스러운 간증이 돼야 한다. 꼭 한 번쯤은 너희의 수고와 땀의 결과를 풍성하게 들고 찾아가 감사를 고백하는 아들들이 되길 바란다.

28년의 동역 2

태국에는 아빠와 함께 26년 이상 하나님 나라를 위해 헌신하고, 신실하게 믿음의 지정석을 지키는 중에 목사님이 되고 전도자가 된 25명의 형제자매가 있다. 처음엔 아빠가 이분들을 품어야 하기에 힘든 길을 가는 거로 생각했는데 그게 아니었다. 자기 민족이 예수님을 믿고 구원받아야 한다는 소망으로 오히려 그분들이 우리를 품어주셨다. 1주일씩 걸어가야 하는 전도 여행 동안 아빠의 무거운 배낭을 메고도 미소를 잃지 않았고, 아빠가 고열로 힘들어할 때는 한 밤, 쏟아지는 비와 밀림을 뚫고 약을 구해왔던 용사들이다. '다라'가 태어났다고 닭과 산토끼를 잡아들고 5시간을 걸어와 축하해준 분들이고, 너희들이 성장해 가는 모습을 보며 누구보다 기뻐하며 감사했던 사랑하는 영적 대가족이다. 이제 태국 집에 올 때는 사랑을 받았던 사람에서 사랑의 빚을 갚는 자가 되도록 해야 한다. 작은 것이지만 잊지 말고 정성이 담긴 감사를 표현하는 너희가 되길 바란다.

28년의 동역 3

자라면서 너희가 혼란스러워했던 게 있었다. '고모, 삼촌, 숙모' 말이다. 너희는 상식적인 가족관계를 이해하면서부터 내게 물었다.

"왜, 아빠는 '정' 씨인데, 고모는 '신' 씨야?"

그래, '옥련이 고모', '영진이 삼촌과 숙모'는 예수 그리스도의 십자가와 부활의 복음 때문에 만나, 그 피로 형제자매가 돼 한 푯대를 향해 가는 가족이다. 아빠 엄마와 25년, 또는 20년 이상의 긴 세월을 동역하면서 서로의 연약한 틈새를 보충해 주고, 때로는 서로의 강함에 아파한 날이 많아도 예수님을 의지해 승리하며 지금까지 동역해 올 수 있었다. 너희의 삶 속에서 고모와 삼촌네 가족과 아름답고 풍성한 교제를 지속해야 한다. 또한, 너희 삶의 목표와 이유에 이분들이 함께함으로, 너희가 더욱 성실한 삶을 살게 되는 거룩한 기쁨이 되길 바란다.

28년의 동역 4

"아빠, 저는 단기로 오신 형, 누나, 선생님들에 대해서 언제부터인지 관심이 없어졌어요! 서먹함이 사라져갈 때쯤 되면 돌아가고 또 새로운 선생님이 오시잖아요."

그렇다. 그동안 짧게는 한두 달에서 길게는 3~5년까지, 삶의 가장 중요한 한 토막을 메콩강 공동체를 위해 헌신해 주신 약 160여 명의 단기 선교사님들이 계셨다. 이들과 365일 함께 먹고 살았던 우리 가족이기에 다른 생각을 하지 못했는데, 사춘기 너희의 마음에는 이런 갈등이 있을 수 있다는 것을 '다라'의 말을 듣고서야 깨달았다. 하지만 그분들의 수고와 섬김으로 우리 공동체들과 교회들과 문화와 교육 사역들이 발전할 수 있었고, 에덴 미용실도 오픈할 수 있었으며, 더불어 너희도 그 혜택을 누릴 수 있었다. 언제 어디서 어떻게 이분들을 만나든지 이 은혜들을 잊지 말고 감사하는 아들딸이 되기 바란다. 어쩌면 이분 중 누군가는 오늘도 너희를 바라보고 있을지도 모른다.

28년의 동역 5

아빠가 선교사로 태국에 오기 전까지 선교에 대해 아는 것은, 겨우 예수님의 십자가와 부활의 복음을 전하되 '남의 터 위에 세우지 않아야 한다.'는 정도였다. 이런 아빠에게 '메짠'과 '옴꺼이' 공동체를 처음 시작하신 선배 황윤수 목사님이 내게 이 일들을 맡기고, 치료차 미국으로 출발하기 전에 한 가지 부탁을 하셨다.

"정 선교사, 선교는 통장을 하나로 하는 팀 사역을 해야 합니다."

이것이 아빠의 선교 노트에 처음으로 쓴 한 줄이다. 선교사로서의 아빠의 삶 28년은 '개혁신학'의 배경 위에서, 위 두 가지 선교의 방법을 지키고 실천하고자 나 자신과 싸워 온 세월이지 싶다. 어리석은 일들이 많았으나 하나님께서 메콩강 공동체를 사랑해 주신 것은, 이런 신앙과 이념을 지키려고 노력하는 모습을 어여삐 여기지 않았나 생각해본다. 바라기는 앞으로도 이런 가치관과 이념을 지키고 발전시켜가는 것이다. 사랑하는 아들들도 이를 위해 늘 기도해 주기 바란다.

28년의 동역 6

아빠가 살면서 좀 늦게 깨달은 사실 하나는, 하나님의 일은 바르고 정직하게 하면 어려움이 없을 거로 생각했다는 것이다. 물론 아빠의 생각이 곧 바름과 정직의 기준이라 주장하지는 않는다. 세상 사람도 이해할 수 있는 상식적이고 보편적인 생각으로 볼 때도, 선교가 바른 신앙과 선교 철학으로 연합하기보다는 건강하지 않은 신앙과 혈연 지연 학연, 그리고 교회정치란 관계로 동맹하고 있는 게 너무 많았다. 성실한 삶의 과정을 중요하게 여기기보다, 비현실적인 화려한 욕심이 더 미화돼 있었다. 교회와 복음의 현장이 이럴진대 세상은 어떨까. 그런데도 답은 하나였다. 성실, 곧 정직한 과정이다. 바른 신앙에 기초한 가치관과 그에 걸맞은 성실함으로 인내하는 자를 무너지게 하는 동맹은 없다. 너희에게 다시금 성실한 과정을 강조하고 싶다.

28년의 동역 7

2002년, 태국에 들어온 순서에 의해 아빠도 태국선교사회를 일 년 동안 섬길 때, 선교사 자녀 장학금을 마련해 주는 것과 기도편지를 공유하는 일을 해 보고 싶었다. 연중행사인 선교사 수련회에도 이런 뜻에 동의해 주신 강사 목사님이 섭외되고 기꺼이 헌금도 해 주셔서, 태국 5개 지역에서 한 명씩을 선택해 장학금을 줄 수 있었다. 후원자에게 보내는 기도편지를 동료선교사들과도 공유하자고 홈피도 만들었지만, 1년 동안 그곳에 기도편지를 공유한 사람은 5명뿐이었다. 그리고 이 두 가지 일은 지속하지 못하고 다음 해부터 사라지고 말았다. 그때 깨달은 게 있다. 공통으로 안고 있는 문제를 해결하기 위해 자기희생이 전제되지 않은 사람, 자신이 하는 일과 생각을 가까운 동료에게도 말하지 못하는 사람은 좀 조심하며 살아야겠다고 말이다.

28년의 동역 8

선교하면서 크게 두 종류의 어려움을 맛보았던 것 같다. 하나는 이 방인에게서 오는 박해였고, 다음은 전혀 예기치 못한 믿음의 형제자매들에게서 오는 방해였다. 이방 문화의 기득권자들은 복음으로 인한 내부의 변화가 두려워 전도자를 박해했지만, 형제자매들은 잘못된 믿음으로 발생한 교만과 시기 질투, 그에 동맹한 집단적인 행동으로 방해했다. 이방인의 박해는 두려움 중에도 더욱 하나님만 의지하며 강하고 담대하게 하는 풍랑 같았다면, 형제자매들과의 복잡한 감정의 소용돌이는 내면의 각진 부분을 깎아내는 그라인더 같았다. 헛된 것을 뒤쫓던 믿음의 동맹은 십자가와 부활의 복음 내부를 흔들어 놓았고, 끝내는 이방인의 조롱거리가 되게 했다. 그러나 그 어떤 것도 복음의 진보를 막을 수는 없었다.

아버지

반백이 돼서야 처음으로 아버지의 모습을 보았다. 그것도 20대 때의 아버지를. 일제 암흑이 엄혹했던 시절, 하얀 중절모에 넥타이를 단정하게 매신 백구두 차림의 멋쟁이 아버지. 엄마 무릎에 앉아 있는 한 살쯤 되어 보이는 아가가 큰 누이, 세 사람의 모습 속에서 아홉째인 내 모습을 찾아본다.

상여를 멘 동네 사람들 뒤를 철없이 따라가 아버지를 땅에 묻고 온

이후 52년. 그렇게 불러보고 싶었던 이름이고 궁금했던 그 얼굴인데, 먼 이국땅에서 세월의 때가 묻은 사진으로 처음 보니 울컥 목이 메고 눈시울이 뜨거워진다. 고향에서 온 사진을 막내에게 보여주었더니 녀석이 말한다.

"음…아빠는 아빠의 아빠를 닮았어….."

아비들은
아이들아.
아비들은 다 그렇다.
마무리 짓지 못한 일을 점검받으러 갈 때,
너희의 얼굴이 보고 싶다.
그래야 상관의 고압적 자세에도 자존심이 상하지 않고,
내 약함으로 받아들일 수 있으니까.

아이들아.
아비들은 다 그렇다.
열심히 일해놓고도 밀린 임금 사정해 받아 올 때,
너희의 학교가 보고 싶다.
그래야 또 고개 숙여 일해도
마음에 솟아나는 희망이 더 크니까.

아이들아.

아비들은 다 그렇다.

진열장 생크림 카스텔라를 보고 들어갔다가

가격표 보고 놀라 멋쩍게 커피 한 잔 들고 벤치에 앉아 있을 때,

너희의 목소리가 듣고 싶다.

그 소리가 더 달콤하니까.

아이들아.

아비들은 다 그렇다.

너희의 사진 한 장에 상처 난 가슴이 아물고,

너희의 전화 한 통이 보약보다 힘이 되며,

너희의 몇 글자 흘려 쓴 편지 한 통에

이렇게 사는 것도 보람 있다고 흥얼거린다.

이런 어른이 되어야겠다

전운이 감도는 자리에 들어서면 양편 모두 옷깃을 바로 하며 절제하고, 축하의 자리에 가면 그곳에 기쁨이 배가되는 사람이 되어야겠다. 슬픔을 당한 곳에서는 말이 없어도 위로가 되고, 애매하게 고난 겪는 자와는 함께 아파하며 격려해 주어야겠다. 편 가르기 정치는 꿈도 꾸지 않으며, 잘하는 일에 대해서는 진심으로 칭찬하고, 불의한 주장이

나 방법으로 공동체 분위기를 해치는 자는 엄히 호통치는 것도 두려워하지 않아야겠다. 초대받지 않은 자리는 기웃거리지 않고, 초대받았다 할지라도 새로운 리더십을 배려할 줄 아는 어른이 되도록, 이제부터라도 겸손하게 준비하고 인내하며 하나씩 다듬어가야겠다.

이면을 생각하라

약함 없는 칭찬은 없다. 칭찬을 받거든 감사하며 겸손하게 너희의 약함을 인정해라. 인내 없는 꾸중이나 충고는 없다. 꾸중이나 충고를 듣거든 진심으로 죄송하다고 말하고, 그가 얼마나 참았는지 생각해 보아라. 까닭 없는 감사는 없다. 감사를 받았거든 갚지 않은 은혜가 있는지 점검해라. 수고하며 흘린 땀이 없는 기쁨은 없다. 기뻐하거든 함께 기뻐하며 그 기쁨의 배경이 된 수고와 땀을 인정하고 배우거라. 부족함이 없는 불평은 없다. 불평을 듣거든 모든 인간은 이기적이란 사실을 기억하고, 관계성 속에서 의무와 책임을 상대의 처지에서 생각해 보며, 나의 부족함을 찾아보아라. 감추어진 아픔이 없는 슬픔은 없다. 드러난 슬픔을 보거든 함께 아파하며, 가슴속에 삭여온 아픔까지 위로해 주거라. 지켜야 할 샬롬이 없는 누명은 없다. 억울한 말을 들었을 때는 하나님의 아들은 화평케 하는 자라는 말씀을 기억하며 그의 평안을 먼저 지켜 주거라.

에필로그

9남매의 막내로 태어난 나는 아버지를 잘 모른다. 아버지에게서 받은 교훈도 아버지와 함께한 기억도 없다. 내가 다섯 살 때 아버지는 하나님 품으로 가셨고 어머니의 엄격한 신앙교육 속에 자랐다. 아니, 아스라한 추억 하나가 있긴 하다.

어느 가을날 해 질 무렵이었던 것 같다. 한국전력공사 소장으로 근무하시던 아버지가 거나하게 취한 채 논두렁에 누워 계셨던 날이다. 어머니께서 나를 바라보셨다.

"막내가 가서 모셔오너라."

아버지는 "우리 막둥이" 하며 나를 껴안고 거친 구레나룻으로 내 볼을 문지르며 가슴에서 스피아민트껌 한 통을 꺼내 주셨다. 그때 그 아버지의 모습과 마지막 날 저녁을 드시고 쓰러지던 모습만 내 기억 속에 아련하다.

이런 내가 아빠가 됐다. 당황스러웠고 자주 허둥댔다. 잘 길러야겠다는 마음은 있었지만 무엇을 어떻게 해야 할지 생각나지 않았다. 아버지의 훈련을 받지 못했다는 게 그렇게 아쉬울 수가 없었다.

비록 태국 깊은 산골에서 태어났으나 세 아들을 한국인으로 기르고 싫었던 나는 서툰 잔소리가 많았고 그 음성은 단호했다. 아이들은 엄한 아빠를 무서워했다. 그렇게 큰아이가 고등학교를 마치고 서울로 내학을 가면서 자연스럽게 독립하게 되었다. 떠나고 보니 더욱 그에게 미안했다.

한때 아들들이 왜 자기들은 출생지가 태국에서도 저 시골 국경 근처에 있는 '메짠 공동체'냐고 불평할 때 참 마음이 아팠다. 지금이야 시간을 이어오면서 더할 나위 없이 아름다운 동산이 됐고 우리 아이들의 꿈을 키우는 중심 공동체가 됐지만, 초창기 개척 시절의 그곳은 절반이 석회질 덩어리라 할 만큼 황무지였다. 흙을 사서 운동장 전체를 10센티 이상 돋우고 6톤 트럭으로 30분 거리의 계곡에 가서 돌을 주워다 진입로에 깔았다. 하루는 돌을 가득 싣고 돌아오던 중 트럭의 엔진에서 바퀴에 힘을 전달해 주는 삼발이가 부러져 애를 먹기도 했다. 그 기간이 3~4년 이상 걸렸다. 무엇보다 우물을 파도 물을 마실 수가 없던 것이 가장 큰 고역이었던 것으로 기억한다.

태국 국경 근처 산자락 아래의 끝 마을에 자리한 '메짠 공동체', 당시 약 300킬로 반경에 한국 사람은 우리 가족뿐이었다. 우리 아이들은 구불구불한 논둑길과 원숭이, 염소, 돼지 등 온갖 짐승들을 벗 삼고 자랐다. 이제 그쪽 지역은 아시아 하이웨이를 따라 도로들이 발전하면서 하루에도 수많은 관광객이 오가는 곳이 됐다.

나는 세상을 좀 의미 있게 살려면 악기 한두 개는 해야 한다는 생각으로 치앙마이에 음악학교를 세웠다. 덕분에 큰 아이는 색소폰과 피아노, 기타를 쳤고, 둘째는 드럼과 트럼펫을, 셋째는 피아노와 오보에, 클라리넷에 기타까지 연주할 수 있다. 또 딸아이는 플루트를 전공해도 될 만큼 잘했다.

한글학교를 세운 것도 내심 우리 아이들에게 한글 교육을 받게 해 주고 싶은 마음이 컸기 때문이다. 당연히 공익을 위한 시작이었지만 그 기회를 어떻게 사용하느냐에 따라 공익이 크게 발전할 수 있다는 것을 체험했다. 그곳에서 태어난 두 아들이 대학 생활 3학년이 되자 자기들의 출생지를 이제 고향이라고 부르며 그 특별한 은혜를 감사하는 것을 보고 위로가 됐다.

큰아들은 연세대를 졸업하고 ROTC 장교로 군 복무를 마쳤다. 대학 때는 학교 영어신문 편집국장을 했다. 지금은 일본회사에 취직해 사회생활 하면서 독일 만하임(Mannheim)대학 MBA에 합격해, 12월에 결혼 후 독일로 갈 준비를 하고 있다. 고3 때까지 심한 부자의 갈등을 빚었던 둘째는 연세대를 졸업하고 가정학으로 대학원 과정 중에 있다. 그토록 원했던 딸 대신, 시편 묵상 중에 하나님의 뜻이라 깨닫고 얻은 막내는 연세대학교에 합격해 입학을 기다리며 한국 문화에 적응 중이다.

큰아들을 필두로 머잖아 우리 아이들도 결혼하게 될 것이고 아버지가 되고 어머니가 될 것이다. 반복해 말했듯이 우리 모든 영적 대가족과 아이들이 요셉 같은 꿈을 꾸길 바란다. 그들의 수고와 땀에 부모 형제와 이웃의 일용할 양식이 풍성하기를 기도한다. 그 책임 의식을 가지고 노력하며 인내하되 강하고 담대하길 바란다. 또 이웃의 수고와 땀의 열매들을 공정하고 정직하게 관리해 세상의 어려운 이웃을 구하는 일에 쓰임 받길 기도하고 축복한다. 이 모든 것은 오직 믿음 안에서만 가능하다는 것을 잊지 않길 바란다.